구해줘 카카오프렌즈

카카오프렌즈

한국사 ②

글 **최태성, 조윤호**
그림 **도니패밀리**

🎤 한국사 시간 여행을 떠나기 전에

여러분 안녕? 만나서 반가워. 나는 큰★별쌤이라고 해.
한국사 책을 집어든 너희들처럼, 나도 한국사를 무척 사랑하는 대한민국 국민이지.
큰★별쌤이 누군지 잘 모르는 친구들을 위해 내 소개를 간단히 해볼게.

쌤은 웃음과 감동, 이야기가 담긴 한국사를 모두에게 전파하기 위해 📟
어제도, 오늘도, 내일도 강의를 한단다.
지금까지 쌤과 함께 공부한 학생들의 수가 500만 명이 넘어. 믿을 수 없다고?
정말이야. *뿌듯^^ 쑥쓰~ 부끄!*
나중에 친구들도 한국사 시험을 준비하게 된다면 한번은 쌤의 강의를 만나게 될 거야.

그런데, 혹시 너희들 중에 한국사는 지루하고 어렵다고 생각하는 친구들이 있니?
그런 친구들을 위해 쌤이 준비한 게 있어. 🖤🖤

> **한 번 더 구해줘! 카카오프렌즈**
> 귀염뽀짝 카카오프렌즈는 한국사에 별 관심이 없는 친구들이었어.
> 그랬던 카카오프렌즈가 큰★별쌤이 책 안에 갇히는 사고가 나면서 확 바뀌게 돼.
> 카카오프렌즈의 궁금증을 풀어야만 큰★별쌤이 탈출문으로 이동할 수 있었어.
> 카카오프렌즈의 활약으로 마침내 큰★별쌤은 탈출문이 있는 1권의 마지막 장에 도착했어.
> **앗 맙소사!** 구석기인의 엉덩이 파워에 밀려 큰★별쌤이 그만 연결문으로 빠져버렸단다.
> 2권에 다시 갇힌 큰★별쌤을 구하기 위한 **우당탕탕!** 험난한 여정이 펼쳐질 거야.

쌤이 무사히 탈출할 수 있도록 너희들이 한 번 더 도와줄 수 있지?

한국사에 대한 관심의 끈을 놓지 않고 계속해서 이어나갈 수 있도록
꼭 알아야 하는 내용만을 쉽고 재미있게 쏙쏙 뽑아 책에 넣었단다.
책을 읽다가 이해가 안 되는 어려운 용어는 밑에 풀어 쉽게 설명했고,
단원이 끝날 때마다 나오는 퀴즈를 통해
지금까지 해결한 궁금증을 다시 한 번 확인할 수 있도록 했지.

또 실제 교과서에 나오는 내용을 읽다보면 학교 수업 시간도 더 재미있어질 거야.
"저요! 저요! 저 그거 알아요~"
한국사 질문에 자신 있게 대답하는 우리 친구들의 모습을 상상하니
쌤의 기분이 벌써부터 좋아지네? 하하하.

그러니 너무 걱정하지 말고 카카오프렌즈와 함께
역사 속 인물들을 만나러 한국사 여행을 떠나보자!
과거로 돌아가 역사 인물을 만나거든
먼저 눈을 지그시 감고, 마음속으로 이렇게 말해보는 거야.
'왜 그런 선택을 하셨나요?'
'어떻게 살아야 하는 거죠?'
그분들의 답을 듣다보면 우리 친구들이 어떤 선택을 해야
더 행복한지, 어떤 행동이 더 건강하고 옳은 것인지도
알 수 있을 거란다.
자! 그럼 이제 출발해볼까? 🍀

한국사 자신감이 뿜 뿜할
귀여운 너희를 생각하며
🧑‍🦱 큰★별쌤 최태성

카카오프렌즈

RYAN

갈기가 없는 것이 콤플렉스인 수사자

큰 덩치와 무뚝뚝한 표정으로 오해를 많이 사지만,
사실 누구보다도 여리고 섬세한
소녀감성을 지닌 반전 매력의 소유자!
원래 아프리카 둥둥섬의 왕위 계승자였으나,
자유로운 삶을 동경해 탈출!
카카오프렌즈의 든든한 조언자 역할을 맡고 있습니다.
꼬리가 길면 잡히기 때문에, 꼬리가 짧습니다.

APEACH

복숭아 나무에서 탈출한 악동 복숭아

유전자 변이로 자웅동주가 된 것을 알고
복숭아 나무에서 탈출한 악동 복숭아 어피치!
섹시한 뒷태로 사람들을 매혹시키며,
성격이 매우 급하고 과격합니다.

MUZI & CON

**토끼 옷을 입은 단무지인 무지와
정체불명 콘**

호기심 많은 장난꾸러기 무지의 정체는
사실 토끼 옷을 입은 단무지!
토끼 옷을 벗으면 부끄러움을 많이 탑니다.
단무지를 키워 무지를 만든 정체불명의 악어 콘!
이제는 복숭아를 키우고 싶어
어피치를 찾아 다닙니다.

FRODO & NEO

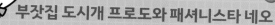

부잣집 도시개 프로도와 패셔니스타 네오

프로도와 네오는 카카오프렌즈 공식 커플로
알콩달콩 깨볶는 중!
부잣집 도시개 프로도는 사실 잡종.
태생에 대한 콤플렉스가 많습니다.
자기 자신을 가장 사랑하는 새침한 고양이 네오.
쇼핑을 좋아하는 이 구역의 대표 패셔니스타입니다.
하지만 도도한 자신감의 근원이
단발머리 '가발'에서 나온다는 건 비밀!

TUBE

겁 많고 마음 약한 오리 튜브

겁 많고 마음 약한 오리 튜브는
극도의 공포를 느끼면 미친 오리로 변신합니다.
작은 발이 콤플렉스이기 때문에
큰 오리발을 착용합니다.
미운 오리 새끼가 먼 친척입니다.

JAY-G

힙합을 사랑하는 자유로운 영혼

땅속 나라 고향에 대한 향수병이 있는
비밀요원 제이지!
사명의식이 투철하여 냉철해보이고 싶으나,
실은 어리버리합니다.
겉모습과 달리 알고보면 외로움을
많이 타는 여린 감수성의 소유자.
힙합 가수 Jay-Z의 열혈팬입니다.

등장인물

큰★별쌤

카카오프렌즈가 다니는 초등학교의 둥둥반 담임 선생님. 도서관에서 라이언을 구하려다 신비한 책 속으로 빠지게 되고, 탈출문을 찾기 위한 험난한 여정을 시작하게 됩니다. 카카오프렌즈에게 궁금증이 생기면 언제, 어디서든 뿅 나타나 해결해주는 능력자!

아끼는 보물 1호	카카오프렌즈
최대 관심사	맛있는 음식을 배부르게 먹기, 지금은 오직 책 탈출!
걱정거리	카카오프렌즈가 한국사에 관심이 없는 것

구석기인

큰★별쌤을 책 속으로 끌어들인 문제적 인물. 1권에서 카카오프렌즈의 활약으로 큰★별쌤이 탈출하려던 바로 그 순간, 엉덩이 파워로 큰★별쌤을 연결문으로 밀어 2권으로 보낸 장본인.

다다

구석기인의 소개로 2권에서 큰★별쌤과 카카오프렌즈의 탈출을 도와줄 다람쥐. 목에 찬 말토리 덕분에 사람과의 의사소통이 가능합니다. 쉿! 이건 비밀인데요. 사실 다다의 나이는 5천 살이랍니다.

쪼리쌤

카카오프렌즈가 다니는 초등학교의 도서관 사서 선생님. 책을 많이 읽어 아는 것이 풍부하고 한국사에도 관심이 많습니다. 신비한 책의 비밀을 아는지 모르는지, 확실히 알 수 없는 미스테리한 인물로 카카오프렌즈에게 도움이 필요한 순간엔 쪼리 두 짝만 신고 어디든 달려와 줍니다.

아끼는 보물 1호	쪼리 두 짝
최대 관심사	도서관에서 벗어나 문화재들을 직접 보러 가는 것

팔찌봇 사용 설명서

궁금증을 해결하면 별이 채워집니다. 16개의 별을 모두 채우면 큰★별쌤이 탈출문이 있는 곳에 도착할 수 있어요.

 0%

 50%

 100%

위치

큰★별쌤의 현재 위치를 알려주어, 탈출문까지 남은 거리를 파악하도록 해줍니다.

29쪽	70쪽	120쪽	158쪽
조선	개항기	일제 강점기	

소환

궁금증이 생긴 카카오프렌즈가 버튼을 누르면 큰★별쌤이 즉시 나타납니다.

소환찬스권
- 8번만 사용 가능
- 단톡방 참여는 횟수 차감 X

초대

시·공간을 마음대로 넘나드는 특별한 기능, 큰★별쌤이 있는 역사 현장에 카카오프렌즈가 직접 가 볼 수 있습니다.

초대권
- 8번만 사용 가능
- 다다가 볼에 바람을 넣고 후~ 불면 집으로 돌아올 수 있음

차례

3단원 일제 강점기

힘내라 힘!
아자아자!

드르르륵

영차!
영차!
이요오올!

이 방에 2권이
있지 않을까?

두리번

흐엉…
어디 있는 거야.

두리번

왜 저 책만 앞으로
튀어나와 있지?

쏙

오잉?

라이언, 저 위에
수상한 책이 있어.

어디?

영차!
영차!

스으욱

앗! 책이 아까보다
더 앞으로 튀어나온 것 같아.

컥

정말?

말토리를 목에 차고 버튼을 사람에 맞추면 다다가 사람과 대화할 수 있단다.

우아

대단해요.

탐나는걸요?

이제 내가 할 일은 끝났으니 원래 있던 곳으로 돌아가야겠어.

빠이

잠깐!

돌아간다고요?

난 1권을 오래 떠나 있을 수 없어. 내가 없는 구석기 시대는 팥 없는 찐빵이나 마찬가지라고~

텅 빔~

구석기인!! 돌아와요!!

구석기 시대

큰별쌤을 책 속으로 밀어놓고 그냥 가면 어떡해요!!!

NO

NO

끝까지 함께 해야죠.

못 보내요!

우리랑 같이 있어요.

덥석

콱

나를 보내줘~ 대신 선물 하나 줄게.

23

27

1

조선

임진왜란과 병자호란을 계기로 조선 사회는 전기와 후기로 나뉘어요.
이 두 차례의 전쟁이 조선 사회를 송두리째 바꿔 버렸기 때문입니다.

조선 시대에서 해결해야 할 궁금증

큰별쌤 이동 목표

왜 광해군은
중립 외교를
했나요?

29쪽   70쪽   120쪽   158쪽

조선   개항기   일제 강점기

궁금증을 해결하여 5개의 별을 채우면 큰별쌤이 탈출문에 가까워진답니다.

왜 인조는
삼전도에서
무릎을 꿇었나요?

>

왜 정조는
한양이 아닌
수원에 성을
새로 쌓았나요?

>

왜
새로운 학문인
실학이
등장했나요?

>

왜 조선 후기에
서민 문화가
발달했나요?

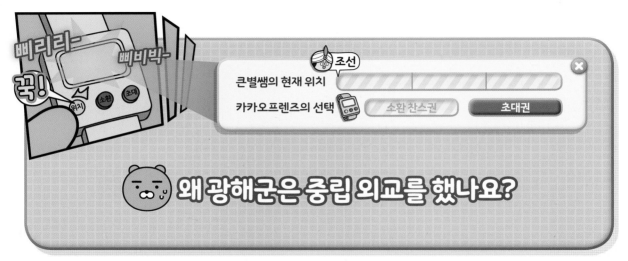

*대동법 집집마다 특산물을 내는 대신 소유한 토지의 많고 적음에 따라 세금을 쌀로 내게 한 방법

광해군은 명과 후금 사이에서 깊은 고민에 빠졌어.

최우선 순위 백성의 행복

임진왜란 때 우리가 도와줬던 거 잊지 않았겠지?

새로운 강대국은 우리야. 친하게 지내자고.

어떻게 해야 하지

광해군님의 선택은?

광해군은 고민 끝에 어느 한 쪽을 택하지 않고 두 나라 사이에서 조선의 안전을 지키는 중립 외교를 펼쳤어.

강홍립 장군, 명에게 도움을 받았기에 군사를 보내지만 상황을 보고 후금에 항복하시오.

네, 전하.

강홍립 장군은 광해군의 명령을 따랐어.

저희는 후금과 싸울 생각이 없습니다.

오홋

아까 시소랑 똑같은 모습인데.

중립 외교 덕분에 전쟁에 휘말리지 않고 조선의 평화를 지켜냈지.

명

후금

35

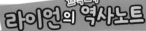

오늘 배운 한국사

"광해군은 명과 후금 사이에서 중립 외교를 펼쳐 전쟁을 피했어요."

기억할 개념 ②

광해군 : 임진왜란 이후 왕위에 올라 나라를 안정시키기 위해 노력한 왕

중립 외교 : 명과 후금 사이에서 어느 한쪽의 편을 들지 않고 조선의 이익을 생각한

외교 정책

나는 임진왜란 때 *세자가 되었어. 아버지인 선조께서 의주로 피란을 가면서 아버지와 나랏일을 나누어 맡게 되었지. 신하들과 함께 전국을 돌며 직접 군사를 모아 왜군을 막는 데 앞장섰단다.

> 힘을 합쳐 왜군을 물리칩시다!

> 세자 시절부터 남다르셨군요.

잘한 일
임진왜란 때 직접 군사를 모은 일

> 믿음직스러운 강홍립 장군님!

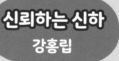

신뢰하는 신하
강홍립

명에 군사를 보낼 때 총사령관을 누구로 할지 고민했어. 고민 끝에 국제 정세를 잘 알았던 강홍립을 보냈지. 강홍립이 나의 명령을 충실히 따라줬기 때문에 성공적으로 중립 외교를 펼칠 수 있었단다.

왕호
광해'군'

> 인조의 세상이 왔군.

> 잘 가시오. 광해군.

명에 대한 의리를 지키는 게 중요하다고 생각한 신하들은 중립 외교 정책을 못마땅해했어. 결국 나를 반대한 신하들에 의해 왕의 자리에서 물러나게 되었지. 그래서 왕에게 붙는 칭호인 '조'나 '종'이 아닌 왕자에게 붙는 칭호인 '군'을 왕호로 쓰게 된 거야.

세자 임금의 자리를 이을 임금의 아들

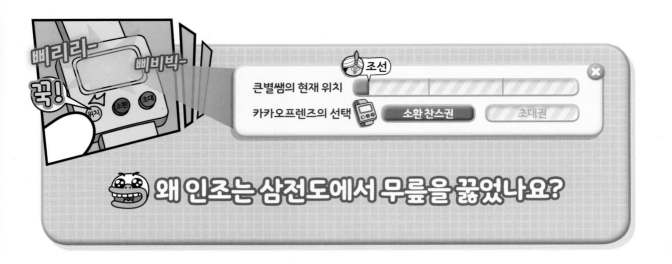

왜 인조는 삼전도에서 무릎을 꿇었나요?

남한산성

병자호란 때 인조가
청에 맞서 싸운 산성

난 콘까지
다 먹을 거야~

뚜억
날
먹겠다고?

카아악!

안 돼애에!
믿을 수 없어.

아까운
내 아이스크림 ㅠㅠ

OTL

콩콩

음…

튜브인가,
인조인가

어디서 본 장면 같은데…

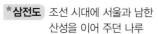

*삼전도 조선 시대에 서울과 남한
산성을 이어 주던 나루

조선의 왕은 청에
항복하는 예를 올려라!

크흐흑

인조는 *삼전도에서 무릎을 꿇고 엎드려 세 번 절하고
아홉 번 머리를 조아리며 청에 항복하였다.

한 번 절할 때마다
세 번씩 이마를 땅에 찧다니…

떼용

더는 못 보겠어.

부글부글!

힝~

분하고 안타까워!
인조는 왜 삼전도에서
무릎을 꿇었을까?

흑!

마음의
상처

튜브에게 궁금증이 생겨 큰별쌤이 이동할 수 없습니다

짠당!

39

왜 인조는 삼전도에서
무릎을 꿇었나요?

인조는 병자호란 때 삼전도에서 청에게 **항복**했기 때문이야.

✔ 5학년 2학기 사회 > 민족 문화를 지켜 나간 조선

✔ 인조 | 정묘호란 | 병자호란 | 남한산성

꾹!

슈슈슈

0%

인조는 광해군을 쫓아내고 왕위에 올랐어.
광해군과 달리 인조는 명과 친하게 지내고
후금을 멀리하는(친명 배금) 정책을 폈지.

튜브의 궁금증을 해결해 큰별쌤의 별을 100%까지 채워보아요

오호~

꾸욱

인조의 선택은?

후금 | 친명 배금 | 명

선택

타!

후금 | 중립 외교 | 명

아슬 아슬

중립 외교하던 광해군 때가 좋았는데…

다시 명한테 붙겠다는 거냐?

에헴

후금은 *인조반정으로 쫓겨난 광해군의 원수를 갚겠다며 조선에 쳐들어왔어. 이 사건을 '정묘호란'이라고 해.

후금

명

에잇!!

뚜억

으윽!

강화도

우리와 형제 관계를 맺는 조건으로 물러간다. 앞으로 잘하도록!!

삐질

임진왜란 끝난 지 30년밖에 안 지났는데…

또 전쟁이냥 ㅜㅜ

후금은 '청'으로 나라 이름을 바꾸고, 힘을 키워 명보다 더 강한 나라가 되었어.

휘리릭

이얍

청

두

둥!

*인조반정 1623년 광해군을 몰아내고 인조를 왕으로 세운 사건

41

공포

서늘

오싹

음산

청의 신하 나라가 되어라!!

헉 싫은데

거절하겠소. 오랑캐 나라와 형제 관계를 맺은 것도 *수치스러운데 *군신 관계라니!

분명 조선은 대비책을 가지고 있었을 거야.

아닐 것 같은데…

청은 명과 친한 조선이 거슬렸어. 청과 명이 싸울 때 조선이 청의 뒤를 공격할 수도 있으니까. 그래서 청은 조선을 자기편으로 만들려고 한 거야.

시무룩

조선은 뚜렷한 해결 방법을 찾지 못했어. 조선의 태도에 화가 난 *청 태종은 10만 대군을 이끌고 조선을 침략했지.

이랴!

이랴!

압록강을 건너 한양까지 간다!

다그닥 다그닥

병자호란

압록강

*수치 다른 사람을 볼 낯이 없거나 스스로 떳떳하지 못함　　　*군신 임금과 신하　　　*청 태종 청의 제2대 황제

튜브의 역사노트

오늘 배운 한국사

"병자호란 때 청에 항복한 인조는 삼전도에서 청 태종에게 세 번 절하고
아홉 번 머리를 조아리는 항복의 예를 올렸어요."

기억할 개념 ②

인조 : 광해군을 몰아내고 왕위에 올라, 명과 친하게 지내고 후금을 멀리하는
　　　정책을 펼침

남한산성 : 병자호란 때 인조가 피신한 산성

인조는 말이야 — 아픈 기억을 가진 *비운의 왕

정묘호란(1627)

후금

의주
용천
안주
평양
평산
강화도   한양

병자호란(1636~1637)

청

안주
신계
개성
한양
남한산성

나는 정묘호란, 병자호란 두 번의 전쟁을 겪었어. 정묘호란은 광해군의 원수를 갚는다는 이유로 후금이, 병자호란은 나라 이름을 후금에서 청으로 바꾸고 조선에게 신하의 나라가 될 것을 요구하며 청이 침략한 전쟁이지.

이마를 땅에 찧는 인조님이 생각나요.

슬픈 기억
정묘호란, 병자호란

아픈 기억
청에 인질로 끌려간
두 아들과 신하, 백성들

병자호란으로 청에 항복한 조선은 청과 군신 관계를 맺었어. 청은 나의 두 아들 소현 세자와 봉림 대군, 여러 신하들과 백성들을 청에 끌고 갔지.

큰 아들
소현 세자

청의 좋은 점을 배워 힘을 길러야 해.

붙잡아가지 말아요ㅠㅠ

작은 아들
봉림 대군
(훗날 효종)

삼전도에서 겪은 굴욕을 반드시 되갚아야 합니다.

*비운 순조롭지 못하거나 슬픈 운명

45

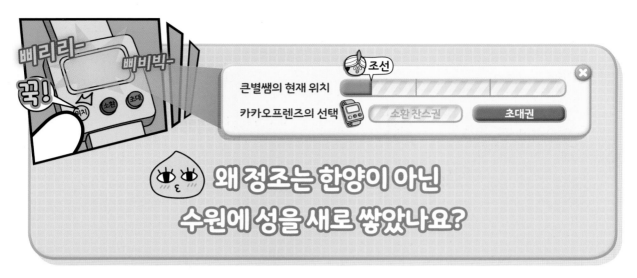

왜 정조는 한양이 아닌
수원에 성을 새로 쌓았나요?

왜 정조는 한양이 아닌 수원에 성을 새로 쌓았나요?

정조는 새로운 도시 수원 화성에서 **개혁의 꿈을** 펼치고자 했어.

☑ 초5 2학기 사회 > 새로운 사회를 향한 움직임

☑ 수원 화성 | 정조 | 정약용

꾹!

위지 소환 초대

0%

어피치의 궁금증을 해결해 큰별쌤의 별을 100%까지 채워보아요

우리만 조선으로 온 건가?

두리번
두리번

룰루 랄라

큰별쌤, 정조 임금님이 왜 수원에 성을 새로 쌓았는지 궁금해요!

정조는 자신의 꿈을 펼칠 새 터전을 만들고 싶었던 거야.

정조가 꿈꾼 세상! 먼저, 정조가 구상한 개혁 정책을 알아볼까?

꿈 궁금

정조의 개혁 정치

탕평책

규장각

*영조 대왕의 뜻을 이어 바른 정치로 백성을 편안케 할 것이다.

인재를 고루 뽑아 정치를 안정시키려고 노력함

1776년 건축
2층 열람실
1층 서고
3만여 권

왕실 도서관인 규장각을 설치하고 이곳에서 젊은 학자들에게 여러 학문을 연구하게 함

*영조 조선 제21대 왕으로, 탕평책을 실시함

어피치의 궁금증이 완벽 해결되어 큰별쌤이 이동할 수 있습니다

어피치의 역사노트

오늘 배운 한국사

"수원 화성은 정조가 개혁 정치를 펼치려는 마음을 담아 만든 성곽이자 도시예요."

기억할 개념 ②

정조 : 규장각과 장용영을 만드는 등 여러 개혁 정책을 펼친 조선의 왕

정약용 : 정조의 명으로 수원 화성의 설계를 맡은 인물

화성 행궁에서 쉬었다 가야겠다.

군사적인 기능까지 갖춘 성곽이네.

안이 비어 있다는 뜻의 공심돈은 벽의 구멍을 통해 적을 감시하고 총을 쏠 수 있는 시설이야.

화성 행궁은 정조가 수원에 왔을 때 머물렀던 궁궐이야. 행궁은 왕이 도성 밖에 머물 때 사용한 궁을 말하지.

왕의 임시 궁궐
화성 행궁

적을 감시하고 공격하는 곳
공심돈

남쪽 성문
팔달문

봉화를 올리는 곳
봉돈

옹성

상황에 따라 올리는 봉화의 개수가 다르네.

팔달문은 '사방팔방으로 길이 열린다'는 뜻을 가진 성문이란다. 성문 앞을 둘러싼 옹성은 성문을 보호하기 위한 시설이야.

봉돈은 전쟁과 같은 나라의 위급한 상황을 알리는 시설이야. 낮에는 연기를 피우고, 밤에는 불을 피워 신호를 보냈어. 평소에는 1개의 봉화를, 적이 나타나면 2개, 적과 싸울 때는 5개의 봉화를 올리도록 약속돼 있지.

어피치가 라이언과 무지를 초대했습니다.

궁금한 게 하나 더 생겼어. 아까 정조 임금님이 영조 대왕의 뜻을 이어받았다고 말했잖아.

 영조 임금님이 어떤 일을 하셨는지 궁금하구나?

 설마 너희 나 빼고 정조 임금님 만나고 왔어? 조선 시대로 놀러 갔다 온 거야?

음… 내가 꿈을 꿨나봐. ^^;; 아무튼! 큰별쌤께 물어봐야지.

어피치가 큰별쌤을 초대했습니다.

 쌤! 영조 임금님에 대해 알려주세요.

 영조는 조선에서 가장 오랫동안 왕위에 있었던 인물로 탕탕 평평 탕평책을 실시했지.

> ## # 영조 ···
>
> 영조는 *붕당 간의 대립 때문에 정치가 혼란스러워지자 탕평책을 실시했다. 서로 다른 무리의 신하들을 골고루 등용하여 왕권을 강화하고 정치를 안정시키려고 했다. 탕평책을 널리 알리기 위해 탕평비라는 비석을 세웠다.
>
> *붕당 학문과 정치적 생각을 같이하는 사람들의 무리

 영조 임금님도 무지 대단♥

탕평책을 실시한 영조

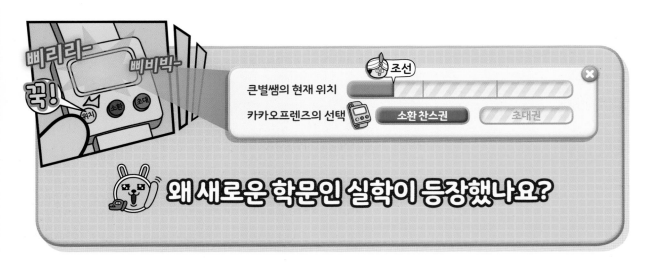

왜 새로운 학문인 실학이 등장했나요?

왜 새로운 학문인
실학이 등장했나요?

기존의 학문이 현실 문제를
해결할 방법을 제시하지
못했기 때문이야.

✓ 초5 2학기 사회 > 새로운 사회를 향한 움직임

✓ 실학 | 정약용 | 박지원 | 김정호

무지의 궁금증을 해결해 큰별쌤의 별을 100%까지 채워보아요 0%

얘들아, 공자의 가르침을
배우는 학문이 뭐였지?

초성 힌트

ㅇ ㅎ

킥킥

야호?

여행은
아닐 텐데…

혹시 오후?

땀 삐질

특급 힌트!
1권 132쪽을 펼쳐봐.

저 알아요.
유학!

조선을 건국한
신진 사대부들은
임금부터 백성들까지 모두
유교 질서에 따라 생활해야
한다고 생각했어.

임진왜란과 병자호란을 거치면서
백성들의 삶은 더욱 어려워졌어.
하지만 기존 학문은 사회 문제를
해결할 방법을 제시하지 못했지.

먹고살기
힘들구먼.

공자님 말씀이
짱이야.

꼬르륵

백성은
나 몰라라

56

57

난 지리 연구 끝에 우리나라 전국 지도인 대동여지도를 만들었단다.

김정호가 만든 우리나라 전국 지도인 대동여지도를 소개할게.

대동여지도는 백성들의 실생활에 많이 이용되었어. 특히 이동하며 장사를 해야 했던 상인들에게 많은 도움을 주었지.

산과 강, 도로 등이 자세하게 표시되어 있어 오늘날의 지도만큼 정확해.

1
2
3
4
5
6
7
8
9
10
11
12
13
14
15
16
17
18
19
20
21
22

접힌 대동여지도

백성을 위한

실학이

100%

빙글

빙글

좋아요 ♥

GO!

22개의 책자를 모두 이어 붙이면 전체 지도가 돼. 차곡차곡 접어서 가지고 다니기에 편하지.

무지의 궁금증이 완벽 해결되어 큰별쌤이 이동할 수 있습니다

꼬릭꼬릭
무지의 역사노트

오늘 배운 한국사

"조선 후기에 백성들의 실생활에 도움을 주는 학문인 실학이 등장했어요."

기억할 개념 ①

실학 : 백성의 생활을 안정시키고 나라의 힘을 기를 수 있는 방법을 연구한 학문

정약용은 말이야 : 다재다능한 발명가이자 백성을 사랑한 실학자

아유, 예쁜 사람!

정조 임금님의 최애 신하!

별명
정조의 남자

정조 임금님과 나는 떼려야 뗄 수 없는 사이야. 나를 많이 믿고 아껴주셨지. 수원 화성의 설계도 내게 맡겨주셨어. 거중기와 배다리 기억하지? 모두 내 발명품이란다.

정조 임금님이 죽은 뒤에 나는 유배를 가게 되었어. 오랜 유배 생활을 하면서 백성들의 삶에 더 관심을 가지게 됐고, 기술·경제·정치·농업 등 다양한 분야와 관련된 500여 권의 책을 썼지.

인생의 전환점
유배 생활

지금은 비록 죄인이지만 후대에 내 생각을 글로 남길 테야.

500여 권이나! *다산 선생님 대단하십니다.

만든 책
『목민심서』 등

난 *수령들의 부정부패로 백성들이 고통받는 것을 보고 마음이 아팠어. 수령은 백성을 위해 있어야 하는 사람인데 말이야. 그래서 수령들이 백성을 다스리면서 지켜야 할 도리를 담은 『목민심서』를 썼단다.

백성들을 사랑하시는 마음이 느껴져요.

수령은 청렴, 검소하고 백성을 사랑해야 해.

---

*다산 정약용의 호   *수령 조선 시대에 각 고을을 맡아 다스리던 지방 관리

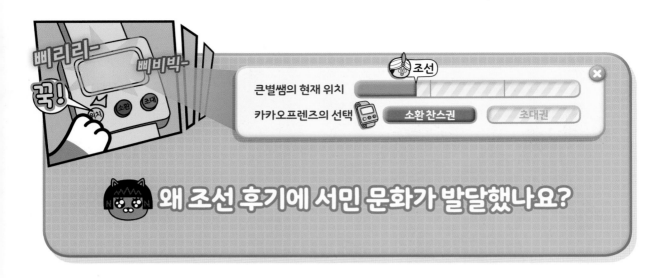

삐리리~ 꾹!

삐비빅~

조선

큰별쌤의 현재 위치

카카오프렌즈의 선택 | 소환 찬스권 | 초대권

왜 조선 후기에 서민 문화가 발달했나요?

조선 후기, 서민이 그림의 주인공이 되다

'서민'이란?
벼슬이나 신분적 특권을
갖지 못한 사람

풍속화 〈씨름도〉

씨름하는
모습이네.

흐암~

졸려

서민 문화의 발달

풍속화 〈서당도〉

虎 鵲
호랑이 호 까치 작

민화 〈호작도〉

탈놀이

한글 소설 〈홍길동전〉

*탈놀이 탈을 쓰고 하는 연극이나 춤.
주로 명절에 사람들이 많이
모이는 곳에서 공연함

빠져든다
잠에…
한…글…소…서ㄹ

주걱 스매싱!

흥부가 밥을 달라고 부탁하자 놀부의 아내가 밥주걱으로 흥부의 뺨을 치는데…!

흑흑
흥부가 불쌍해.

*전기수 책을 전문적으로 읽어 주던 사람

카하학

아직 한글을 읽을 줄 모르는데 *전기수 아저씨가 이야기로 들려주니 넘 좋아♥

세책점

낭독의 달인 전기수 아저씨 완전 재미있어.

얘들아! 한글 소설 빌리러 가자~

유후~

고고

*세책점 돈을 받고 책을 빌려주는 가게

뒤적
뒤적

쿵

아!

꿈이었네!
왜 조선 후기에는 한글 소설 같은 서민 문화가 발달했을까?

네오에게 궁금증이 생겨 큰별쌤이 이동할 수 없습니다

꽝당!

62

조선 후기 사회에
여러 변화가 일어났기
때문이란다.

☑ 초5 2학기 사회 〉 새로운 사회를 향한 움직임

☑ 서민 문화 | 한글 소설 | 풍속화 | 탈놀이 | 민화

네오의 궁금증을 해결해 큰별쌤의 별을 100%까지 채워보아요   0%

조선 후기에는
여러 사회 변화가
일어났어.

무슨 일이
있었던 거죠?

*모내기법이 발달하면서
적게 일하고도 이전보다 더 많은
곡식을 거둘 수 있게 되었단다.

유후~

난 모내기 달인!

뿌로롱

신분제

우악!

나도 이제
양반!

흔들

흔들

수확 UP

쌀을 많이 거두어
주머니가 두둑해졌어.

부유해진 농민들이
돈으로 양반 신분을
사게 되니까 신분 사회가
흔들리기 시작했군.

네오의 궁금증이 해결되어 별이 채워집니다   50%

＊모내기법 볍씨를 논에 직접 뿌리지 않고 모판에 심어 길렀다가 논으로 옮겨 심는 농사법

네오의 역사노트

오늘 배운 한국사

"조선 후기 농사법의 발달과 신분 사회의 변화로 백성들의 삶에 변화가 생겼어요.

이로 인해 서민 문화가 발달했지요."

기억할 개념 ①

서민 문화 : 조선 후기 백성들이 참여하였던 문화

한글 소설, 풍속화, 탈놀이, 민화 등이 있음

김홍도는 말이야 → 조선을 대표하는 풍속화가

*단원 선생님이
내 잘생긴 얼굴도
그려줬으면 좋겠다.

난 조선 시대에
그림 그리는 일을 담당하는
관청인 도화서의 화원이었어.
그곳에서 실력을 인정받아 국가 행사
기록화를 도맡아 그렸지. 그리고 왕의
초상화를 그리는 화가인 어진화사가 되어
영조, 정조 임금님의 초상화를 그렸단다.

주요 경력
임금님의
초상화를 그림

그린 작품
<씨름도>,
<서당도> 외 다수

절친
신윤복

신윤복은 나와 더불어
조선에서 손꼽히는
풍속화가야.
나보다 나이는 어리지만
뛰어난 그림 실력을 갖췄어.
나와는 달리 양반과 여성들의
생활 모습을 주로 그렸단다.

저기 우는 친구는
훈장님한테
혼났나 봐요.

나는 임금님의 초상화뿐만 아니라
서민들의 일상생활을 그림으로 표현했어.
특히 서민들의 표정이나 행동을 잘 잡아 그렸지.
<씨름도>와 <서당도> 기억하니?
그것도 내 작품이란다.

나의 쇼핑 생활도
그려줬으면 좋았을 텐데~

*단원 김홍도의 호

네오가 프로도와 제이지를 초대했습니다.

나 아까 꿈꿨는데 너희가 꿈에 나왔어.
프로도는 나보다 제이지를 더 좋아하던데!?

 네오, 꿈은 반대거든~♥ 근데 무슨 꿈을 꿨어?

한글 소설을 읽어주는 전기수 아저씨가 나온 꿈!
한글 소설은 조선 후기에 발달한 서민 문화 중 하나야.

 아~ 나도 서민 문화 알아.
난 판소리가 제일 좋더라.

판소리? 그건 모르는데… 큰별쌤께 물어봐야지.

네오가 큰별쌤을 초대했습니다.

쌤! 판소리에 대해 알려주세요.

 얼쑤~ 내 이야기 한 번 들어보겠느냐? ♫

 # 판소리　　　…

 판소리는 북 장단에 맞춰 긴 이야기를 노래로 들려주는 공연이다. 즉흥적으로 내용을 더하거나 뺄 수 있고, 관객이 직접 참여할 수 있다. 소리를 하는 '소리꾼'과 북으로 장단을 치는 '고수'가 함께 공연하였다.

 네오! 내가 판소리 공연해줄게.
그만큼 난 널 좋아하지롱♥♥♥♥♥

조선 후기의
또 다른 서민 문화,
판소리

67

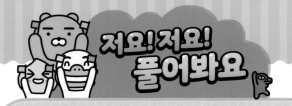

저요! 저요! 풀어봐요

1 광해군에 대한 설명 중 옳은 것은 무엇일까요?

정답
스티커

한 나라에 치우치지 않는 중립 외교를 펼쳤어.

명과 친하게 지내고 후금을 멀리하는 정책을 펼쳤지.

탕평책을 알리기 위해 탕평비를 세웠어.

왕실 도서관인 규장각을 설치했지.

2 인조에 대한 설명 중 옳은 것은 무엇일까요?

정답
스티커

장용영이라는 군대를 새로 만들었어.

대동법을 실시하여 백성들의 세금 부담을 줄여주었어.

삼전도에서 청 태종에게 항복했어.

『목민심서』를 편찬했어.

3 수원 화성에 대한 설명으로 옳지 않은 것은 무엇일까요?

정답
스티커

정조가 자신의 꿈을 담아 만든 새로운 도시야.

거중기와 녹로 등 과학 기술을 활용해 만들었지.

유네스코 세계 문화유산으로 등재되었어.

병자호란 때 인조가 몸을 피한 성이야.

68

4 각 실학자와 그에 대한 설명을 바르게 연결해 보세요.

정답 스티커

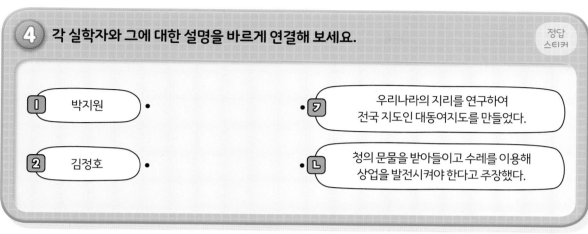

1 박지원 •

2 김정호 •

• ㄱ 우리나라의 지리를 연구하여 전국 지도인 대동여지도를 만들었다.

• ㄴ 청의 문물을 받아들이고 수레를 이용해 상업을 발전시켜야 한다고 주장했다.

5 카카오프렌즈가 설명하는 단어를 [보기]에서 찾아 모두 표시해 보세요.

1 책을 전문적으로 읽어 주던 이야기꾼을 이르는 말이야.

3 탈을 쓰고 춤을 추며 하는 공연이야.

2 사람들의 생활 모습을 소재로 그린 그림을 말해.

4 호랑이, 새, 꽃 등을 소재로 서민들의 소망을 담아 그린 그림이지.

보기 조선 후기의 서민 문화

전	용	수	탈
풍	기	철	놀
속	세	수	이
화	술	민	화

궁금증을 해결했는지 한번 확인해 볼까?

정답

① 라이언

② 어피치

③ 네오

④ ①─ㄱ ②─ㄴ (교차)

⑤ ① 전기수   ③ 탈놀이
   ② 풍속화   ④ 민화

빵점 맞으면 큰별쌤이 책의 처음으로 돌아간다는 것, 잊지 않았지?

다다! 결과를 알려줘.

룰루   랄라

헷갈렸는데…

통과할 수 있을 거야!

휴우   걱정마

두구두구

오예!

결과는… 통과야! 큰별쌤이 개항기로 이동할 수 있어.

조선의 역사를 기억해 주시오.

다음에는 어떤 역사가 열릴까?

Let's Go!

외국에 문을 연 개항기

두   둥   우아~   폴짝   폴짝

개항기

강화도 조약 이후부터 일본에 나라를 빼앗기기 직전까지의 시기를 말해요.
1897년 나라 이름이 조선에서 대한 제국으로 바뀐답니다.

큰별쌤 이동 목표

궁금증을 해결하여
6개의 별을 채우면 큰별쌤이
탈출문에 가까워진답니다.

29쪽	70쪽	120쪽	158쪽
조선	개항기	일제 강점기	

왜 흥선 대원군은
서양과의 교류를
금지했나요?

왜 조선은 일본과
불평등한 조약을
맺었나요?

왜 우정총국에서
갑신정변이
일어났나요?

동학 농민군이
원하는 세상은
어떤 모습이었나요?

왜 조선은 나라 이름을
대한 제국으로
바꾸었나요?

왜 안중근 의사는
이토 히로부미를
처단했나요?

내가 한류 스타???

까아아

한류 열풍의 중심에 선 제이지와 악쟁이들

갓 짱! HAT

갓 멋져 YO!

쵸롱

'제이지와 악쟁이들'이 이 시기에 살았다면 한류 가수가 될 수 없었을지도 모르겠어. 흥선 *대원군님이 서양과의 교류를 금지했다는데?

에이~

설마;;

외국 사람들도 우리 공연 보면 무지 좋아할 텐데…

인사하렴. 흥선 대원군이란다.

미래의 어린이들이구나!

반가워

안녕하세요. 저희는 한류 가수를 꿈꾸는 '제이지와 악쟁이들'입니다.

*대원군 왕의 아들이나 형제가 없어 왕실의 자손 중 한 명이 왕위를 이어받았을 때 새 왕의 아버지를 말함

흥선 대원군님, 왜 서양과의 교류를 금지하셨나요?

흐음!

내가 그런 선택을 한 건 다 그럴만한 이유가 있었기 때문이란다.

제이지에게 궁금증이 생겨 큰별쌤이 이동할 수 없습니다

짠당!

왜 흥선 대원군은 서양과의 교류를 금지했나요?

서양과 교류하면 서양이 조선을 침입할 것이라 생각했기 때문이야.

- ☑ 초5 2학기 사회 > 새로운 사회를 향한 움직임
- ☑ 흥선 대원군 | 병인양요 | 신미양요 | 통상 수교 거부 정책 | 척화비

0%

제이지의 궁금증을 해결해 큰별쌤의 별을 100%까지 채워보아요

흥선 대원군이 살았던 19세기의 조선은 나라 안팎으로 큰 변화의 물결을 맞이하고 있었어.

서양 나라들이 무슨 속셈으로 저러는 걸까?!

중국과 일본은 벌써 항구를 열었어. 이제 너희 차례야!

좌아아

문 열어!

19세기

영국과 프랑스, 청을 점령하다!

긴급속보!

청

조선

청이 서양 세력에 항복했다는구먼. 청이 제일 강한 나라인 줄 알았는데…

허얼

조선이 병자호란 때 항복했을 만큼 강했던 청인데 서양에 무릎을 꿇다니…

충격과 공포

다음은 조선 차례인가…

제이지의 궁금증이 해결되어 별이 채워집니다

50%

74

다행이다. 프랑스군이 물러갔어.

서양 세력이 쳐들어오지 못하도록 흥선 대원군님이 조선의 문을 닫았나 봐.

그런 와중에 흥선 대원군의 통상 수교 거부 정책을 더욱 굳히게 만든 사건이 일어났어.

헉!

오잉?

바로 독일의 상인 오페르트가 흥선 대원군 아버지의 무덤을 파헤치려 한 사건이었지.

남연군 묘

화르르

감히 아버님의 묘를 파헤치려 하다니.

용서 못 해

흥선 대원군님의 마음을 조금은 이해할 수 있을 것 같아요.

이 일로 흥선 대원군과 백성들은 서양인들을 더욱 거부하게 되었어.

프랑스

독일

꽝!

꽝!

이게 끝이 아니야.

제너럴셔먼호를 불태운 대가를 치러라!

신미양요

프랑스가 쳐들어오기 전 *제너럴셔먼호 사건이 일어났어. 미국이 5년 뒤에 이 사건을 구실로 조선에 통상을 요구하며 쳐들어왔지.

*제너럴셔먼호 사건 1866년 미국의 배 제너럴셔먼호가 평양에 이르러 통상을 요구하다가 평양의 군민과 충돌하여 불에 타 침몰한 사건

어재연 장군과 조선군은 목숨을 걸고 미국에 맞서 싸웠어. 미국은 광성보 전투에서 크게 패한 조선이 통상 협상에 응할 것이라 예상했지만, 조선은 끈질기게 저항하였지.

수자기 들고 후퇴!!

미국이 통상 수교를 포기하고 물러갔다는데?

앞으로도 결코 서양과 교류하지 않겠다!

꽝!
프랑스
독일
미국
꽝!

문을 걸어 잠근다고 이 상황이 해결될까?

 흥선 대원군은 서양과 절대 통상하지 않겠다며 전국에 척화비를 세웠어. 서양의 침입을 잠시 막아냈지만, 조선이 스스로 발전할 시기를 놓쳤다는 평가를 받기도 한다.

100%

불안한 그림자가 드리워지다

퇴장

고종 등장

제이지의 궁금증이 완벽 해결되어 큰별쌤이 이동할 수 있습니다

GO!

꼼꼼 제이지의 역사노트

오늘 배운 한국사

"흥선 대원군은 계속된 서양 세력의 침략으로 조선이 큰 피해를 입자

통상 수교 거부 정책을 펼쳤어요."

기억할 개념 ②

병인양요 : 1866년, 프랑스가 조선에게 통상을 요구하며 강화도를 침략한 사건

신미양요 : 1871년, 미국이 군함을 이끌고 조선에 통상을 요구하며 강화도를 침략한 사건

흥선 대원군은 말이야

아들을 대신해 나라를 다스린 실세

아들아, 아빠만 믿으렴.

아들
고종

미움받은 일
경복궁을 다시 지은 일

아들인 고종이 어린 나이에 왕이 되자 나는 아들을 대신해 나라를 다스렸어. 나는 당시 최고의 권력을 누리고 있던 안동 김씨를 비롯한 여러 가문과 부패한 관리들을 몰아냈지.

임진왜란 때 경복궁이 불타버렸어. 난 왕실의 권위를 높이기 위해 경복궁을 다시 짓기 시작했지. 궁궐을 다시 지으려다 보니 돈이 많이 필요했어. 그래서 세금을 많이 거두고 새로운 돈을 만들었지. 또 강제로 백성들을 불러 일을 시키기도 했어. 결국 백성들에게 원망을 들었지.

농사짓기도 바쁜데 궁궐까지 지으라고?

부당하게 세금을 면제받던 서원을 일부만 남기고 모두 정리하였어.

잘한 일 ①
서원 정리

잘한 일 ②
호포법 실시

양반도 세금을 내니 공평하구먼.

백성의 부담을 덜어주기 위해 양반에게도 군포를 걷었어.

제이지가 어피치, 튜브를 초대했습니다.

얘들아, 조선 시대엔 어떤 돈이 사용됐는지 알아?

 글쎄… 만 원 지폐에 세종 대왕님이 그려져 있는 건 잘 아는데♥

 그건 갑자기 왜 물어봐?

흥선 대원군님이 새로 만든 돈이 궁금해서~

 이럴 땐 큰별쌤을 불러야지~!

튜브가 큰별쌤을 초대했습니다.

쌤, 흥선 대원군님이 새로 만든 돈이 뭐였나요?

 당백전이라는 돈이란다.

당백전

흥선 대원군은 경복궁을 다시 짓기 위해 돈이 많이 필요해지자 당백전을 만들었다. 당백전은 조선 시대에 주로 사용하던 화폐인 상평통보의 100배의 가치에 해당하는 화폐이다. 그러나 실제 가치는 그에 미치지 못해 잘 사용되지 않았고, 물건값만 크게 올라버렸다.

 =

당백전 1개　　　상평통보 100개

 물건값이 올라서 백성들이 더 힘들었겠어요ㅠㅠ

흥선 대원군이 만든 새로운 화폐, 당백전

79

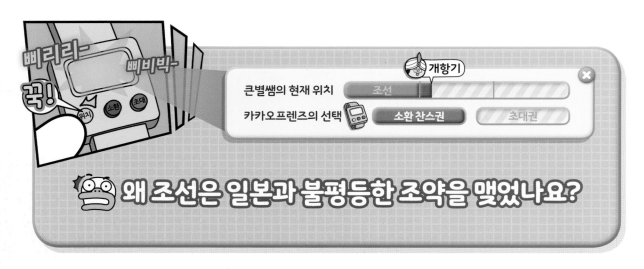

왜 조선은 일본과 불평등한 조약을 맺었나요?

왜 조선은 일본과
불평등한 조약을 맺었나요?

힘을 키운 일본이 무력으로
조선을 **압박**했기 때문이야.

☑ 초5 2학기 사회 > 새로운 사회를 향한 움직임

☑ 강화도 조약 | 개항

튜브의 궁금증을 해결해 큰별쌤의 별을 100%까지 채워보아요   0%

조선은 일본과의
강화도 조약으로
나라의 문을 열게 돼.

식당 문도
열렸네.

흥선 대원군님이라면
분명 반대했을 텐데…

상황이 좀 바뀌었어. 고종이 어른이 되어 직접 정치를
할 수 있게 되자 흥선 대원군은 물러나게 되지.

*개항을 바라는
나라 안의 요구도 점점
높아지고 있었어.

이제 나 고종이
직접 조선을 다스린다!

나라 문을 열어
새로운 문물을
받아들여야 합니다.

*개항 항구를 열어 외국과 교역하는 일

82

이런 와중에 일본이 개항을 요구하며 군함 운요호를 앞세워 강화도에 나타났어. 조선의 수군은 예고 없이 나타난 운요호에 대포를 쏘았지.

강화도 조약으로 조선은 부산을 포함한 3개 항구를 일본에 개방하게 돼.

일본이 조선의 해안을 마음대로 측량할 수 있도록 한다.

해안 지도를 만들어 놓으면 나중에 쳐들어올 때 편하겠지?

후훗

조선에게 매우 불공평한 내용도 조약에 담겨 있었단다.

어떤 내용인지 알려주세요.

일본인이 조선에서 범죄를 저질렀을 때 일본에 돌려보내 수사·판결하게 한다.

나 잡아 봐라~

조선 정부는 날 벌줄 수 없지!

부르르

말로는 평등하다더니 실제로는 불평등한 조약이었네요.

흥!

강화도 조약은 조선 정부가 외국과 처음으로 맺은 근대적 조약이기도 해. 처음이다보니 조약의 내용이 뭘 의미하는지 제대로 모르고 맺은 거지.

조선이 준비된 상태에서 스스로 나라의 문을 열었다면 좋았을 텐데 아쉬워요.

앞으로는 내용을 모르는데 함부로 이름을 쓰면 안 될 것 같아요.

흐윽

후회막심

얘들아, 여기 좀 봐봐. 고종 임금님이 할 말이 있으신가 봐.

주목하거라

이왕 이렇게 된 것, 우리도 일본을 보고 배워야 할 것은 배울 것이다.

불끈!

오호!

고종은 일본에 수신사를 보내 발전된 문물을 배워 오게 했어.

조선

일본

우린 일본의 근대적인 정부 기구와 산업 시설, 문화 시설 등을 살펴보고 고종께 보고하였지.

깜짝 놀랍구나!

우아~ 전차다!

100%

수신사의 보고를 들은 고종은 여러 *개화 정책을 펼쳤단다.

쌤, 그럼 다른 나라와도 조약을 맺었나요?

불평등 조약

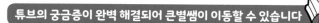

이후 조선은 서양 여러 나라와도 불평등한 조약을 맺었단다.

우힝

튜브의 궁금증이 완벽 해결되어 큰별쌤이 이동할 수 있습니다

GO!

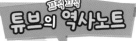

팍팍 팍팍
튜브의 역사노트

오늘 배운 한국사

"일본이 개항을 요구하며 운요호 사건을 일으켰어요. 개항을 하지 않으면 쳐들어오겠다는 말에 조선은 결국 일본과 강화도 조약을 맺었죠."

기억할 개념 ①

강화도 조약 : 1876년 조선이 외국과 처음 맺은 근대적 조약이자 불평등 조약

*개화 다른 나라의 더 발전된 문화와 제도를 받아들여 과거의 생각, 문화와 제도 등을 발전시켜 나가는 것

조선의 개화를 위해 노력한 왕

난 스무 살이 넘어가면서 스스로 나라를 다스리고 싶었어.
이런 나의 마음을 알아준 사람이 나의 아내 명성 황후였지.
명성 황후는 나와 뜻을 같이하여 개화 정책에 힘썼단다.

아내
명성 황후

두 분의 뜻이
잘 맞았군요.

난 통리기무아문이라는 새 관청을 만들어서
여러 개화 정책을 펼쳤어. 그중 하나를 소개해줄게.
바로 신식 군대인 별기군을 설치한 거야.
별기군은 일본인 교관에게 최신식 소총으로
특별 훈련을 받았단다.

개화 정책
별기군 설치

**내가 보낸
또 다른 사절단**
영선사

흥!

구식 군인

별기군

일본에 수신사를 보냈던 것처럼
청에는 영선사를 보내 발전된 문물을
배워오도록 했어. 특히 영선사는
신식 무기를 만들고 사용하는 방법을
배우고 돌아왔단다.

정말 많은 것이
변했네요.

청

조선

＊명성 황후 고종이 1897년 대한 제국을 세우고 황제가 되면서 왕후에서 황후가 됨

튜브가 라이언, 어피치를 초대했습니다.

얘들아, 이 옆에 구식 군인은 왜 별기군을 째려보고 있을까?

 별기군의 새 옷과 최신식 무기가 부러워서 그런 게 아닐까?

 별기군을 싫어했나 봐. 큰별쌤께 물어보자.

라이언이 큰별쌤을 초대했습니다.

쌤, 별기군을 싫어한 사람이 있었어요?

 나라에서 구식 군대와 별기군을 차별하자 구식 군대의 군인들은 불만이 많았어.

임오군란 ···

1년이 넘게 월급을 받지 못했던 구식 군인들은 그나마 받은 쌀에 모래가 잔뜩 섞여 있자 분노하였다. 결국 구식 군대는 1882년 난을 일으켜 일본인 교관을 죽이고 일본 공사관을 불태웠다. 조선 정부의 요청으로 청의 군사들이 난을 진압하였고, 이후 청이 조선에 간섭하기 시작했다.

 우리의 힘으로 문제를 해결했으면 좋았을 텐데…

구식 군인들이 일으킨 임오군란

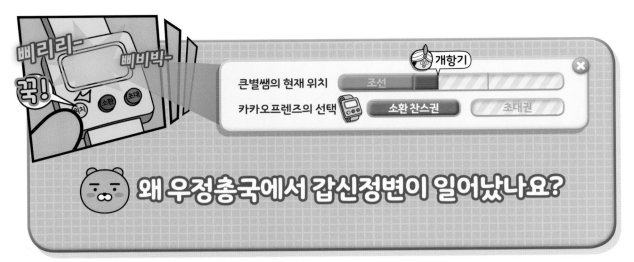

김옥균 등 급진 개화파가
조선의 **개화**를 서둘러야 한다고
생각했기 때문이란다.

☑ 초5 2학기 사회 > 새로운 사회를 향한 움직임

☑ 우정총국 | 김옥균 | 갑신정변

꾹!

슈슈슈

0%

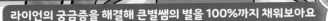

라이언의 궁금증을 해결해 큰별쌤의 별을 100%까지 채워보아요

쌤이랑 난 불 끄고
다시 올게.

조심해!

이거 먼저
보고 있어!

제가 받을게요.

반짝

휘익!

궁금한 건
나에게 물어봐.

기념관을 둘러보면서
큰별쌤을 기다리자.

척

라이언, 뭐 보고 있어?

이 사람은
누굴까?

갸우뚱

갑신정변을 주도한 김옥균이란다.
김옥균을 중심으로 급진 개화파가 일본처럼 빠르게
개화해야 한다며 우정총국에서 정변을 일으켰지.

확대

난 일본에 가서
일본이 발전한 모습을
직접 눈으로 봤소.

두리번
두리번

큰별쌤이 주신
두루마리를 열어 보자.

촤악

1884
갑신정변 사건일지

김옥균을 비롯한 급진 개화파는
일본의 군사적 지원을 약속받고 우정총국의
개국 축하 잔치를 틈타 정변을 일으킴

궁궐을 차지한 김옥균은
새 정부를 세우고 개화 정책을 발표함

청에 대한
*조공 폐지

능력 중시

문벌 폐지

빚 면제

그 사이 조선 왕실은 청에 도움을 요청함,
예상치 못했던 청의 군대가 조선에 들어오면서
일본은 약속을 어기고 돌아감

일본,
게 섰거라!

도망가자!

결국 갑신정변은 3일 만에 끝이 나고
갑신정변을 주도한 김옥균 등은
일본으로 피함

⚠️ **놓치면 안 되는 정보 : 갑신정변의 실패 이유**
일본의 힘을 빌리려 했다는 점과 준비가 부족한 상태에서
개혁을 시도해 백성들의 지지를 받지 못한 점

★ **조공** 작은 나라가 큰 나라에 예물을 바침
★ **문벌** 대대로 내려오는 집안의
신분이나 지위

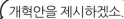
개혁안을 제시하겠소.

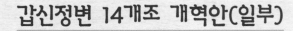

갑신정변 14개조 개혁안(일부)

청에 대한 조공 허례를 폐지한다.

문벌을 폐지하고, 백성들이
평등한 권리를 갖는 제도를 마련하며,
능력에 따라 관리를 임명한다.

세금 제도를 고쳐 관리의 부정을 막고
국가의 살림살이를 튼튼히 한다.

부정한 관리를 처벌하고,
백성들이 빚진 쌀을 면제한다.
...

김옥균 님은 어떤
세상을 꿈꿨을까요?

김옥균 등 급진 개화파가
발표한 개화 정책을 보면
알 수 있지.

갑신정변이
실패한 이후 조선은
어떻게 되나요?

청을 끌어들였으니 그에
대한 대가를 치렀단다.
심지어 청과 일본은 자기들끼리
조약을 맺었지.

100%

양국은 조선에서
군대를 철수한다.

조선에 군대를
보낼 때 서로 통보한다.

청   조선   일본

조선의 운명은…

GO!

라이언의 궁금증이 완벽 해결되어 큰별쌤이 이동할 수 있습니다

라이언의 역사노트

오늘 배운 한국사

"우리나라 최초의 우체국인 우정총국의 개국 축하 잔치를 틈타 1884년 김옥균 등
급진 개화파가 갑신정변을 일으켰어요."

기억할 개념 ①

갑신정변 : 일본의 지원을 약속받은 김옥균 등 급진 개화파가 조선의 빠른 개화를
이루기 위해 일으킨 정치적 사건

김옥균은 말이야 조선의 개화를 꿈꾼 지식인

나와 뜻을 함께한 친구들이 있었어. 우리는 청의 간섭에서 벗어나 조선을 빠르게 개혁해야 한다고 생각했지. 우리가 갑신정변을 주도했지만, 이외에도 군인, 상인, 궁녀 등 많은 사람이 참여했단다.

뜻을 함께 한 친구
박영효, 서광범, 서재필

나랑 콘도 서로에게 도움이 되는 친구야.

우리는 제도와 사상 등 나라 전체를 개혁해야 한다고 생각하는 급진 개화파

박영효 서광범

서재필

김옥균

다녀온 곳
일본

아쉬운 일
일본에 의지한 것

나는 우리의 힘만으로는 나라를 바꿀 수 없다고 생각해 일본에 도움을 요청했어. 일본은 군사 지원을 약속했지만, 약속을 지키지 않았지. 결국 갑신정변은 허무하게도 3일 만에 끝나고 말았어.

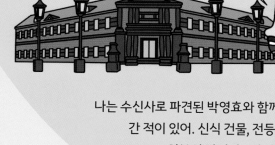
놀랍구나!

나는 수신사로 파견된 박영효와 함께 일본에 간 적이 있어. 신식 건물, 전등, 기차 등 일본의 발전된 모습을 보았지. 그 모습을 본 후 조선도 빨리 개화해야 한다고 생각한 거야.

청 개화파 항복! 일본

3일 천하의 꿈으로 끝난 근대화

93

삐리리-
꾹!
삐비빅-

개항기

| 큰별쌤의 현재 위치 | 조선 | |
| 카카오프렌즈의 선택 | 소환 찬스권 | 초대권 |

🐦 동학 농민군이 원하는 세상은 어떤 모습이었나요?

뜻을 함께한 갑신정변의 주역들

짝짝짝

우리도 우정 규칙을 만들어야겠어. 얘들아! 사진 찍자~

사진은 왜 찍는 거야?

찰칵!

우리 우정 포에버

무지가 우정 규칙 만든대.

사진 잘 나왔다~

잠깐만 기다려. 종이와 색연필 갖고 올게.

후다다닥

헤헤

이렇게 둥글게 해서 우리 이름을 적는 거야.

뭘 그리는 거야?

쓰윽

쓰윽

94

오호~
좋은 생각이야!

멋진 걸
서로 평등해 보여.

우리 우정이 더
확실히 느껴지는군.

무지

쓱쓱

이렇게 이름 적는 거
어디서 배웠어?

책에서 사발*통문을 봤어.
가운데 사발을 엎어 원을 그린
주변으로 빙 둘러 이름을
쓰는 거야. 순서대로 이름이
쓰여 있지 않아 누가 먼저
시작했는지 알 수 없다.

최고!

편지 왔소~

누가 보낸 거지?

무지가 나한테
보낸 그 편지!?

*통문 여러 사람의 이름을 적어 돌려 보는 문서

-1893년, 전라도 *고부에서 온 편지-

　저는 전봉준입니다. 고을의 수령인 조병갑에게
백성들의 세금을 줄여 달라 하소연하러 갔던 나의
아버지가 곤장을 맞고 앓다가 끝내 돌아가시었습
니다. 너무나 분하고 원통한 마음입니다.

　*동학은 사람이 누구나 평등하다고 합니다.
불공평한 이 세상을 바꾸고 싶습니다.

　백성들이 기운 펴고 살 만한 세상, 백성이 진짜
주인이 되는 세상을 만들 수 있도록 우리 농민들과
힘을 합쳐 싸워줄 수 있겠소?

-전봉준-

1893년? 전봉준?

전봉준은
TV 드라마 속
주인공인데…

두

둥

어떻게 이 편지가
내게 왔지? 운명인가…
농민들이 원하는
세상이 대체 뭘래?

오잉?

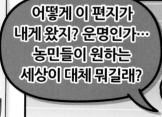

콘에게 궁금증이 생겨 큰별쌤이 이동할 수 없습니다

짠당!

*고부 전라북도 정읍 지역의 옛 이름　　*동학 '사람이 곧 하늘이다'라는 사상을 내세우며 등장한 새로운 종교

95

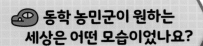

동학 농민군이 원하는
세상은 어떤 모습이었나요?

백성들의 삶이 좀 더 나아지고 외세에 의지하지 않는 세상을 원했어.

☑ 5학년 2학기 사회 > 새로운 사회를 향한 움직임

☑ 동학 농민 운동 | 전봉준 | 녹두 장군 | 고부 농민 봉기

콘의 궁금증을 해결해 큰별쌤의 별을 100%까지 채워보아요   0%

농민군이 되어 전봉준을 따라
*탐관오리의 횡포와 잘못된 정치를 바로잡아
새 세상을 만드는 데 도움이 되도록 하라~

손 꼬옥!

농민군으로 변신~

슈아앙

*탐관오리 조병갑처럼 백성의 재물을 빼앗고 못된 짓을 일삼는 관리들

탐관오리 조병갑을
혼쭐냅시다!

까놀

나를 따르시오!!! 내가 앞장서겠소.

자, 여기 받아라.

조병갑 이놈,
어서 나와라!

고부 농민 봉기

와아아

전봉준이닷!
도망가자.

헐레벌떡

*봉기 백성들이 벌 떼처럼 들고일어남

96

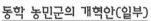
전주 화약

우리 농민군은 싸움을 멈출 것이오. 대신 청과 일본 군대를 돌려보내고, 우리가 요구하는 개혁안을 받아들여 주시오.

고향으로 돌아간 농민군은 마을에 자치 기구인 집강소를 만들어 스스로 개혁을 실시했어.

동학 농민군의 개혁안(일부)
- 탐관오리, 못된 양반은 그 죄를 조사해 벌한다.
- 노비 문서를 *소각한다.
- 정해진 세금 외에 잡다한 세금을 폐지한다.
- 일본에 협력하는 사람을 엄히 벌한다.

*소각 불에 태워 없애는 것

관군과 농민군의 싸움은 멈추었지만 일본 군대는 조선을 떠나지 않았어.

오잉?

무서워

이제 그만 군대를 물리시오.

농민들이 반란을 일으킨 이유는 부패한 정치 때문이니 우리가 새 정부를 만들도록 돕겠소.

저리가!

조선의 일은 조선이 알아서 하겠소.

불끈!

경복궁으로 쳐들어가자!

두두두두   두두두두

청과 친한 민씨 일파를 내쫓고, 우리 일본과 친한 사람들로 새 정부를 만드시오.

흑, 분하도다

먼저 근대화를 이룬 일본의 힘을 빌려 조선을 살기 좋게 바꿔야 해.

김홍집

난 김홍집의 새 개혁안을 기대해볼래.

왜놈들이 경복궁을 빼앗고 자기 마음대로 개혁을 시킨다지 뭡니까.

흑흑

나빴어 ㅜㅜ

조선은 우리꺼라니까!

쟁

이얍

청을 몰아내자!

청일 전쟁 발발!

우리나라에서 뭐 하는 거죠?

경복궁을 점령한 일본이 우리나라 정치에 간섭하며 개혁을 강요하고 있다고 하오!

공격!

한성으로 가서 일본군을 물리치자!

반드시 저 *우금치 고개를 넘어야 한다!

무서워 ㅜㅜ

우 다다다

우금치 전투

땅땅

따당

따당

가슴이 찢어지는 아픔이에요.

윽, 내 죽음을…

더 이상 버틸 수가 없어.

청일 전쟁 1894~1895년 조선을 두고 청과 일본이 벌인 전쟁　**우금치** 현재 충청남도 공주시에 있는 고개

101

이후 농민들은 전봉준을 기리며 구슬픈 노래를 지어 불렀단다.

새야 새야 파랑새야~
녹두 밭에 앉지 마라~♬
녹두 꽃이 떨어지면~
청포 장수 울고 간다~♪

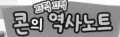

콘의 궁금증이 완벽 해결되어 큰별쌤이 이동할 수 있습니다

꼬적 꼬적 콘의 역사노트

오늘 배운 한국사

"1894년 동학 농민군은 탐관오리의 횡포와 잘못된 정치를 바로잡고, 외세의 침략으로부터 나라를 지키고자 동학 농민 운동을 일으켰어요."

기억할 개념 ②

전봉준 : 동학 농민 운동의 지도자로 녹두 장군이라 불리기도 함

집강소 : 동학 농민군이 전라도 지방에 설치한 자치적 개혁 기구

어피치가 큰별쌤, 콘, 라이언을 초대했습니다.

동학 농민 운동의 실패로 농민군의 바람은 이루어지지 않았나요?

 목숨을 걸고 싸웠는데…

 농민들의 꿈은 갑오개혁으로 이어진단다.

 조선 정부도 농민들의 뜻을 무시할 수만은 없었어. 1894년에 갑오개혁을 실시하지. 갑오개혁에는 갑신 정변과 농민군의 개혁안 중 일부가 반영되었단다.

 오호~ 어떤 개혁을 추진했나요?

 근대 국가로 발전하기 위한 법과 제도가 마련되었어. 하지만 성급하게 추진되어 준비가 부족하였고, 일본 의 간섭 속에 추진되었다는 한계가 있단다.

과거 제도 폐지

★과부 재혼 허가

신분 차별 철폐

갑오개혁

★조혼 금지

근대식 학교 설립

★도량형 통일

★**과부** 남편을 잃고 혼자 사는 여자

★**조혼** 어린 나이에 일찍 결혼하는 풍습

★**도량형 통일** 길이·무게 등을 재는 여러 단위를 한 가지로 맞춤

나라의 제도를 근대적으로 바꾸기 위한 시도, 갑오개혁

왜 조선은 나라 이름을
대한 제국으로 바꾸었나요?

왜 조선은 나라 이름을 대한 제국으로 바꾸었나요?

조선이 **자주적인** **독립 국가**라는 사실을 널리 알리기 위해서였어.

☑ 초5 2학기 사회 > 일제의 침략과 광복을 위한 노력

☑ 을미사변 | 아관 파천 | 독립 협회 | 대한 제국

꾹!

슈슈슈

0%

프로도의 궁금증을 해결해 큰별쌤의 별을 100%까지 채워보아요

조선도 알고 대한민국도 아는데, '대한 제국'은 못 들어봤지?

끄덕 끄덕

지금부터 나라 이름이 바뀌게 된 사연을 알려줄게.

조선

대한 제국

문신 낱독

조선에 대한 주도권을 두고 청과 일본이 우리 땅에서 전쟁을 벌인 것, 기억하지? 청일 전쟁에서 승리한 일본은 조선에 더욱 심하게 간섭했어.

위험 경보 발령!

명성 황후님이 러시아와 손을 잡았어.

명성 황후만 없으면 우리 일본이 조선을 쥐고 흔들 수 있을 텐데…

조선   러시아

명성 황후님, 일본을 조심하세요!

고종과 명성 황후는 일본의 간섭을 막으려고 러시아와 친하게 지냈지. 특히 명성 황후가 적극적이었어.

106

*공사관 외국에 나가 있는 관리들이 일하는 곳

*열강 국제 사회에서 큰 역할을 하는 힘이 센 여러 나라

프로도 의 역사노트

오늘 배운 한국사

"고종은 1897년 황제가 된 후 대한 제국을 선포하였어요. 대한 제국은 학교를 세워 인재를 양성하고, 전차·전등 등 근대 문물을 수용했지요."

기억할 개념 ②

아관 파천 : 을미사변 이후 위협을 느낀 고종이 궁궐을 떠나 러시아 공사관으로 몸을 피한 사건

독립 협회 : 서재필을 중심으로 정부 관리와 개화파가 자주독립을 위해 세운 단체

프로도가 큰별쌤, 콘, 라이언을 초대했습니다.

러시아와 일본의 간섭 속 한반도의 운명은…

 일본과 러시아는 서로 한반도에 대한 영향력을 강화하고자 하였고, 결국 일본은 러일 전쟁을 일으켰어.

 헉, 누가 이겼나요?

 러시아가 이기지 않았을까요?

 러일 전쟁에서 승기를 잡은 일본은 궁궐을 포위한 상태에서 강제로 을사늑약을 체결했어. 고종은 을사늑약이 무효임을 알리고자 노력했단다.

 # 헤이그 특사　　　　　　　　　　　　　　…

고종 황제는 네덜란드 헤이그에서 열리는 만국 평화 회의에 특사를 파견해 을사늑약이 무효임을 국제 사회에 알리려 했다. 하지만 일본의 방해로 헤이그 특사는 회의장 안에 들어갈 수 없었고, 임무는 실패로 돌아갔다. 일본은 이 사건을 빌미로 고종을 강제로 황제 자리에서 물러나게 하고 대한 제국의 군대를 해산시켰다.

을사늑약의 부당함을 알리려 한 헤이그 특사

　　　　　　　　　　　　　　　　　　☺ #

왜 안중근 의사는
이토 히로부미를 처단했나요?

여기는 법정체험실이란다.

요리조리

ㅋㅋ

두리번 두리번

저기!

빈자리엔 누가 앉나요?

죄를 지은 사람이 앉는 거 아닐까?

맞아!

죄를 짓고 재판을 받는 사람을 피고인이라고 한단다.

여기 앉는 사람은 다 나쁜 사람이겠군요!

흥!

꼭 그렇지 않아. 지금으로부터 110년 전 안중근 *의사가 피고인석에 앉았었거든.

깜놀

안중근 의사가 피고인이었다고요?

안중근은 1909년 중국 하얼빈역에서 일본인 이토 히로부미를 *처단하여 재판을 받게 되었어.

이토 히로부미 우리나라를 침략한 벌이다!

탕! 탕!

왜 안중근 의사가 이토 히로부미를 처단했나요?

벌?

짠당!

🐱 제이지에게 궁금증이 생겨 큰별쌤이 이동할 수 없습니다

*의사 총이나 폭탄 등을 이용해 무력게 투쟁하다가 의롭게 죽은 사람   *처단 결단을 내려 행동함

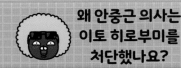

왜 안중근 의사는
이토 히로부미를
처단했나요?

나라를 지키기 위한
행동이었단다.

☑ 초5 2학기 사회 > 일제의 침략과 광복을 위한 노력

☑ 을사늑약 | 이토 히로부미 | 안중근 의거

제이지의 궁금증을 해결해 큰별쌤의 별을 100%까지 채워보아요   0%

여긴 어디,
난 누구?

어지러워…
여긴 어디지?

여긴 을사늑약을
체결한 장소인
중명전이야.

안중근*의거가 있었던
만주 하얼빈이 아니고요?

하얼빈에 가기 전
먼저 알아야 할
우리 역사가 있어.

*의거 개인이나 집단이 정의를 위하여 의로운 일을 하는 것

저 사람이 이토 히로부미야.
대한 제국의 외교권을 빼앗기 위해
을사늑약을 체결하는데 앞장섰지.

찬성하지
마세요!

뜨억

저길 봐

이토 히로부미

이제부터 대한 제국의
외교권은 우리 일본이
맡는다.

말도 안 돼!

헛!

고종 황제가 끝까지 반대하자
일본은 이완용을 비롯한 대신 5명의
찬성을 얻어 조약을 체결했어.

112

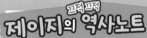

제이지의 역사노트

오늘 배운 한국사

"안중근 의사는 중국 하얼빈역에서 을사늑약 체결에 앞장선 이토 히로부미를 처단했어요. 이후 뤼순 감옥에서 재판을 받은 후 사형을 선고받았죠."

기억할 개념 ①

을사늑약 : 1905년 일본이 대한 제국의 외교권을 빼앗기 위해 강제로 체결한 조약

안중근은 말이야

나라를 위해 목숨을 바친 영웅

韓 한 大 대
立 립 獨 독

사형 직전 어머니로부터 편지 한 통을 받았어.
내가 입을 *수의를 지어서 편지와 함께
보내주셨지.

옳은 일을 하고 받은 형이니
비겁하게 삶을 구하지 말고
떳떳하게 죽는 것이
어미에 대한 효도이다.

안중근 의사 어머니도
슬펐을텐데…

어머니
조마리아 여사

감옥에서도
나라 걱정을
하셨구나.

**의거에
도움을 준 동지**
우덕순, 조도선, 유동하

이토 히로부미가 탄 열차는
만주로 오기 위해 2개의 역에
멈추기로 예정되어 있었어.
나와 동지들은 의거를 계획했어.
우덕순과 조도선은 차이자거우역,
나는 하얼빈역을 맡았고,
유동하는 하얼빈에서 다른 일행을
돕기로 했지. 열차는 차이자거우역을
지나쳐 하얼빈역에 도착했고, 여러 동지들의
도움으로 난 의거를 실행에 옮겼어. 나의 의거로
우리 민족의 독립 의지가 전 세계에 알려지게 되었단다.

감옥에서 남긴 기록
**『안응칠 역사』,
『동양평화론』**

의거 이후 만주 뤼순 감옥에 갇혔을 때
내가 살아온 이야기를 담은 『안응칠 역사』와
대한 제국과 중국, 일본의 평화를 실현할
방법을 담은 『동양평화론』을 썼어.
'안응칠'은 나의 어린 시절 이름이란다.

목숨 바칠 각오로
의거를 한 분들을
기억할게요.

우덕순   유동하   조도선

*수의 죽은 사람에게 입히는 옷

116

제이지가 어피치와 콘을 초대했습니다.

나라를 위해 목숨을 바친 안중근 의사는 정말 존경스러운 분이신 것 같아.

 제이지, 너 존경하는 역사 인물을 찾았구나.

안중근 의사의 희생이 있었으니 이제 대한 제국에 평화가 찾아왔겠지?

 아마 그렇지 않을까? 큰별쌤께 물어보자.

제이지가 큰별쌤을 초대했습니다.

쌤, 이제 일본이 더 이상 대한 제국에 간섭하지 않나요?

 우리 민족의 저항에도 불구하고 일본은 대한 제국의 국권을 강제로 빼앗았어.

국권 피탈(1910년 8월 29일) ···

*일제는 고종의 헤이그 특사 파견을 구실로 고종을 강제로 폐위시키고 대한 제국의 군대를 해산했다. 그리고 이완용에게 한일 병합 조약을 강요하여 체결하였다. 이로 인해 우리나라는 국권을 빼앗긴 후 일제의 *식민지가 되었고, 일제는 조선 총독부를 설치하여 강압적인 방법으로 우리 민족을 통치하였다.

* 일제 '일본 제국'의 줄임말로, 우리나라를 비롯해 여러 나라를 침략한 시기의 일본을 일컫는 말
* 식민지 주권을 빼앗기고 다른 나라의 지배를 받는 땅

 아이고ㅠㅠ 설마 나라가 망해버린 거야?

나라를 빼앗기다, 국권 피탈

117

저요! 저요! 풀어봐요

① 흥선 대원군에 대한 설명으로 옳지 않은 것은 무엇일까요?

정답 스티커

서원을 일부만 남기고 정리했어.

서양과의 교류를 반대했어.

임진왜란 때 불에 탄 경복궁을 다시 지었어.

이토 히로부미를 처단했어.

② 갑신정변을 일으킨 인물이 아닌 사람은 누구일까요?

정답 스티커

김옥균

안중근

서재필

박영효

③ 다음 문장을 읽고 맞으면 ○, 틀리면 ✕를 표시해 볼까요?

정답 스티커

1 강화도 조약은 외국과 맺은 최초의 근대적 조약이지만 불평등한 조약이다.

2 을미사변 이후 위협을 느낀 고종은 러시아 공사관으로 몸을 피했다.

3 전봉준은 을사늑약을 체결하는 데 앞장선 이토 히로부미를 하얼빈역에서 처단하였다.

4 동학 농민 운동의 전개 과정을 순서대로 이어 길을 찾아보세요.

출발

① 고부에서 농민 봉기가 일어났어.

② 우정총국에서 갑신정변이 일어났어.

③ 고종이 대한 제국을 선포하고 근대화 정책을 펼쳤어.

④ 농민군은 황토현, 황룡촌에서 관군과 전투를 벌였어.

⑤ 전주성을 점령한 농민군은 전주 화약을 맺고 집강소를 설치했어.

⑥ 고종이 헤이그 특사를 파견해 을사늑약의 부당함을 알리려 했어.

⑦ 일본과 강화도 조약을 체결했지.

⑧ 일본이 경복궁을 점령하고 우리나라 정치에 간섭했어.

⑨ 농민군이 우금치에서 관군과 일본군에게 패배하면서, 동학 농민 운동은 끝났단다.

도착

정답은 120쪽에 있어요.

정답

1 제이지

2 튜브

3 ① ◯   ② ◯   ③ ✕

4 ① → ④ → ⑤ → ⑧ → ⑨

다다! 개항기 테스트까지 끝냈어. 결과를 알려줘.

자신 있는 표정인데?

정답만 보이더라니까?

딱!

통과는 했는데…

큰별쌤이 일제 강점기로 이동하게 됐어. 바둥바둥 안간힘을 써보았지만 조선은 결국 일본에 나라를 빼앗기고 말아.

개항기를 지나기 전에 한 가지는 꼭 기억해주겠니? 나랏일을 할 때 외세를 끌어들이면 반드시 대가를 치르게 된다는 걸.

우리나라의 독립을 위해 너희들도 열심히 노력해줘!

나라를 지키러

일제 강점기로 출발!!

120

3

일제 강점기

국권 피탈 이후부터 8·15 광복을 맞은 때까지의 시기를 말해요.
이 시기에도 우리나라 사람들은 스스로를 '조선'사람이라 부르기도 했어요.

왜 3월 1일에
만세 운동을
벌였나요?

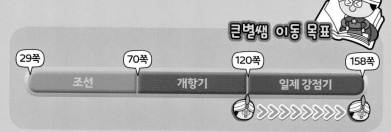

큰별쌤 이동 목표

29쪽	70쪽	120쪽	158쪽
조선	개항기	일제 강점기	

궁금증을 해결하여 5개의 별을 채우면 큰별쌤이 탈출문에 가까워진답니다.

왜 우리나라
임시 정부를
중국의 도시인
상하이에
세웠나요?

홍범도, 김좌진
장군이 이끌던
독립군은 어떻게
일본군을 이길 수
있었나요?

왜 윤봉길 의사는
의거 전에
김구와 시계를
바꾸었나요?

왜 이름을
일본식으로
바꿔야 했나요?

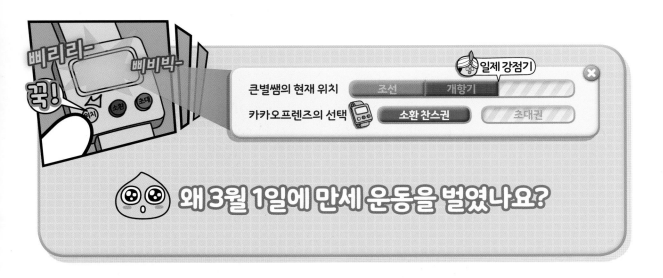

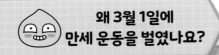
전 세계에 우리나라의
독립 의지를 알리기
위해서였어.

☑ 초5 2학기 사회 > 일제의 침략과 광복을 위한 노력

☑ 3·1 운동 | 독립 선언서 | 유관순

꾹!

슈슈슈

0%

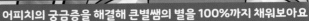
어피치의 궁금증을 해결해 큰별쌤의 별을 100%까지 채워보아요

나라를 빼앗기니 눈앞이 캄캄해요.

크흐흑

조선

대한제국

말 안 들으면 혼난다.

버럭

크크크

공포

덜덜덜

일본은 우리나라를 무력으로 다스렸어. 칼을 찬 *헌병이 사람들을 감시하고, 심지어 선생님도 칼을 차고 수업했지.

무서워요.

분하다

어서 나라를 되찾아야 해.

*헌병 군대에서의 경찰

그러던 중, *제1차 세계 대전이 끝나고 *민족 자결주의의 영향으로 많은 식민지 국가들이 독립하게 되었어.

식민지

민족자결주의

식민지

독립국

드디어!

우리나라도 독립할 수 있는 기회가 온 것 같아요!

*제1차 세계 대전 1914~1918년에 일어난 대규모 세계 전쟁으로 30여 국가가 참전함

*민족 자결주의 '세계의 민족은 자신의 운명을 스스로 결정해야 한다.'는 주장

오늘 배운 한국사

"1919년 3월 1일, 온 나라의 백성들이 전 세계에 우리나라의 독립 의지를 알리기 위해

만세를 외쳤어요."

기억할 개념 ①

3·1 운동 : 태화관에서 민족 대표들이 독립 선언서를 발표하고, 탑골 공원에서 많은

　　　　　사람들이 만세를 외치며 시작된 독립운동

유관순은 말이야! 온 마음을 다해 나라를 사랑한 만세 소녀

이화 학당은 1886년에 미국인 선교사 스크랜턴 부인이 설립한 여성 교육 기관이야. 3·1 운동 당시 난 이화 학당에 다니는 16살 학생이었지. 만세 시위가 일어난다는 소식을 듣고 친구들과 함께 참여했단다.

다닌 학교
이화 학당

나라를 사랑하는 마음에 나이는 중요하지 않은 것 같아요.

고향
충청남도 천안

3·1 운동이 일어나 학교가 휴교하자, 난 고향인 충청남도 천안으로 내려가 만세 운동을 계획했어. 4월 1일, 아우내 장터에 수천 명의 사람들이 모였고 난 맨 앞에서 '대한 독립 만세'를 외치며 시위를 이끌었지.

자랑스러운 일
감옥에서 독립 만세를 외친 일

아우내 장터에서 만세 운동을 벌이다가 일본 경찰에 붙잡혀 끌려가게 되었어. 잔인한 고문을 받았지만 독립에 대한 나의 열망을 꺾진 못했지. 1920년 3월 1일에는 3·1 운동 1주년을 맞아 서대문 감옥에서 동지들과 함께 독립 만세를 외치기도 했단다.

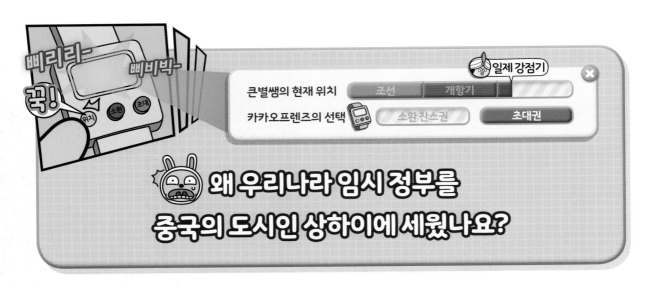

중국 답사에서 우리가 맡을 역할은?

난 여행 전체를 감독하는 관리자

난 프로도와 여행 스케줄을 짤게.

난 추억 담당 사진사

찰칵! 찰칵!

난 돈을 관리하는 총무

난 뭐하지?

?

만능 친구!

우린 친구들이 도움이 필요할 때 도와주자.

안전 지킴이!

든든해용

쌤은 답사를 안전하게 다녀올 수 있도록 너희를 지켜줄게.

답사 가는 날

슈웅~

슈우웅

야호

드디어 출발이다!

네오, 도착하면 어디부터 가?

*상하이부터 갈 거야.

룰루 랄라

오예~

드르르륵

빨리 와~

상하이(=상해) 중국 창장강(양쯔강) 하구에 있는 도시

129

중국 상하이로 출발^^

도착

부앙

첫 번째 장소는 상하이 대한민국 임시 정부 유적지야.

大韓民國臨時政府舊址
대한민국 임시 정부유적

현재의 상하이

제이지, 사진 찍어줘.

응~

찰칵!

찰칵!

브이

大韓民國臨時政府舊址
대한민국 임시정부유적지

입장권 사 왔어. 들어가자.

무브! 무브!

어피치, 선 안으로 가지 말고 일로 와.

김구? 들어본 이름 같은데…

김구 선생 집무실

들켰다!

김구 선생님은 3·1 운동 후 중국 상하이로 건너가 대한민국 임시 정부에서 독립을 위해 노력하신 분이란다.

근데, 왜 우리나라 임시 정부가 중국 상하이에 있는 건가요?

오잉?

무지에게 궁금증이 생겨 큰별쌤이 이동할 수 없습니다

꽈당!

왜 우리나라 임시 정부를
중국의 도시인 상하이에 세웠나요?

민족의 힘을 하나로 모아 독립운동을 이끌어 갈 정부가 필요했기 때문이야.

☑ 초5 2학기 사회 > 일제의 침략과 광복을 위한 노력

☑ 대한민국 임시 정부 | 김구

무지의 궁금증을 해결해 큰별쌤의 별을 100%까지 채워보아요   0%

1919년의 상하이

잇힝~

찰칵! 찰칵!

크하하학

까르르

여긴 1919년의
상하이란다.

헐!

1919년이라면 일본에
나라를 빼앗긴 이후죠?

내 사랑♥ 유관순 언니를
어떻게 잊어요ㅠㅠ

3·1 운동
기억하지?

대한 독립 만세!

3·1 운동을 계기로 국내외 여러 지역에 임시 정부
가 세워졌어. 민족 지도자들은 나라를 되찾기 위해
서는 체계적으로 독립운동을 이끌어 나갈
조직이 필요하다고 생각했거든.

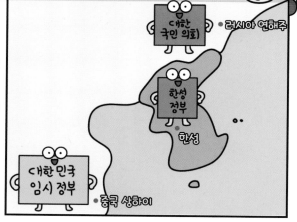

대한
국민 의회   • 러시아 연해주

한성
정부

한성

대한 민국
임시 정부   • 중국 상하이

임시 정부는 활발한 활동을 펼쳤지만 일본의 감시와 탄압으로 연통제, 교통국이 해체되면서 독립운동 자금 모금도 어려워졌어. 일본의 방해와 강대국의 외면으로 외교 활동에도 어려움을 겪었지.

모두 잡아들여!

으악

뭐라고?

관심 없음

당장 싸웁시다!!!

싸움보다는 외교 활동이 우선입니다!

땀 삐질

독립운동의 방향을 두고 임시 정부 안에서 갈등이 발생하기도 했어.

다시 힘을 하나로 모아야 할 텐데…

이대로 끝나는 건가?

무지 무룩

100%

결국 임시 정부는 세력이 약해졌고, 여러 독립운동가들이 임시 정부를 떠나기도 했지.

흐앙

하지만 임시 정부의 지도자였던 김구는 이러한 위기를 극복하기 위해 한인 애국단을 만든다.

무지의 궁금증이 완벽 해결되어 큰별쌤이 이동할 수 있습니다

GO!

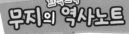

꼬적꼬적 무지의 역사노트

오늘 배운 한국사

"3·1 운동 이후 독립운동을 체계적으로 이끌어갈 정부의 필요성을 느껴 일본의 영향력이 미치지 않는 중국 상하이에 대한민국 임시 정부를 세웠어요."

기억할 개념 ①

대한민국 임시 정부 : 연통제와 교통국을 통해 국내에 여러 소식을 전달하고 독립운동 자금을 모은 임시 정부

김구는 말이야 — 나라의 독립을 소원한 독립운동가

내 이름 앞에 붙는 백범은 나의 호란다. '우리나라의 모든 사람들이 독립을 위해 노력했으면 좋겠다'라는 의미를 담고 있어. 천한 신분인 백정의 '백'과 평범한 사람이라는 뜻의 범부에서 '범'을 따 '백범'이라는 호를 지었단다.

우리도 의미 있는 호를 지어볼까?

또 다른 이름
백범 白凡

대한민국 임시 정부는 *한인 애국단 단원들의 의거 후, 중국 각지를 옮겨 다녔어. 충칭에 정착한 후인 1940년, 여러 지역의 독립군을 모아 임시 정부 최초의 정식 군대인 한국광복군 창설을 주도했지. 우리의 힘으로 한반도에서 일본을 몰아내기 위해 일본과의 전쟁을 준비했단다.

내가 주도하여 만든 군대
한국광복군

우리나라의 독립을 위하여!

내가 쓴 책
『백범일지』

백범일지

나는 『백범일지』를 썼어. 상권은 두 아들에게 쓴 편지 형식으로 시작해. 어린 시절부터 내가 살아온 삶에 대해 썼지. 하권에는 임시 정부에서 했던 활동을 자세히 담았단다.

독립을 향한 우리의 열정을 기록해야지.

*한인 애국단 일제의 주요 인물을 처단하기 위해 김구가 1931년에 조직한 비밀 단체

큰별쌤이 무지, 콘, 라이언, 프로도를 초대했습니다.

얘들아, 한국에 잘 도착했니? 답사는 어땠어?

 이번 답사 최고!!
역할 분담을 해서 더 좋았던 것 같아요. ♡♡

너희에게 한인 애국단에 대해
더 들려주고 싶어서 초대했어.

한인 애국단은 김구 선생님이 조직했던 비밀 단체란다.

한인 애국단

한인 애국단은 세력이 약해지던 임시 정부에 활기를 불어넣기 위해 1931년 김구가 중심이 되어 만든 비밀 단체이다. 일본의 주요 인물을 무력으로 공격하는 것이 효과적인 독립운동이라고 여겼으며, 단원으로 이봉창, 윤봉길 등이 있었다.

이봉창   김구   윤봉길

 한인 애국단도 김구 선생님이 만드셨다니…

 이봉창, 윤봉길 님은 한인 애국단에서
무슨 일을 하셨어요?

 윤봉길? 왠지 끌리는데…

이젠 자연스럽게 궁금증이 생기는구나?
그건 쌤이 다음에 알려줄게 ♥

임시 정부에
활기를 불어넣은
한인 애국단

    ☺ #

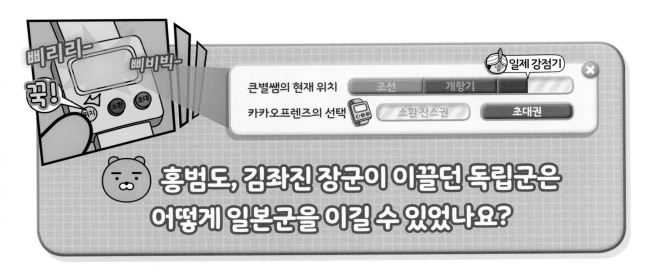

삐리리- 꾹!
삐비빅-

일제 강점기

큰별쌤의 현재 위치 | 조선 | 개항기
카카오프렌즈의 선택 | 소환 찬스권 | 초대권

홍범도, 김좌진 장군이 이끌던 독립군은
어떻게 일본군을 이길 수 있었나요?

흐음
궁그미

제이지, 무슨 생각을 그렇게 골똘히 하고 있어?
영화 구상 중이야.
영화?
무슨 내용인데?
만주의 두 영웅 이야기!
반짝

만주의 두 영웅이 누군데?
영웅이라면, 내가 좋아하는 윤봉길 님이 아닐까?!
이번 영화의 주인공은 만주 벌판을 누빈 독립운동가 홍범도, 김좌진 장군님이야.
홍범도의 봉오동 전투,
김좌진의 청산리 대첩?!
휘둥그레
노놉
드디어 그분을 만날 시간인 건가♥
꺄앙

홍범도, 김좌진 장군이 이끌던 독립군은 어떻게 일본군을 이길 수 있었나요?

독립군의 **단합된 힘**으로 싸움에 유리한 **지형과 전술**을 잘 이용했기 때문이야.

☑ 초5 2학기 사회 > 일제의 침략과 광복을 위한 노력

☑ 홍범도 | 봉오동 전투 | 김좌진 | 청산리 대첩

라이언의 궁금증을 해결해 큰별쌤의 별을 100%까지 채워보아요 0%

3·1 운동 이후, 일본의 감시를 피해 많은 사람들이 만주로 모여들었어. 홍범도는 나라를 위해 희생을 각오한 청년들을 이끌고 *대한 독립군을 만들었지.

어제는 농사를 지었지만 오늘부터는 독립군!

목숨을 바칠 각오로 싸우자!

가즈아!

일본군을 물리치고 나라를 되찾자!

여러 독립운동 단체를 하나로 모아 봉오동으로 집결합시다.

봉오동으로 간단 말이지.

일본도 급히 봉오동으로 군대를 보냈어. 홍범도 장군은 '죽음의 골짜기'로 일본군을 유인할 작전을 세웠지.

여기!

안무 (국민회군)

홍범도 (대한 독립군)

최진동 (군무 도독부)

신민단

독립군의 그림자조차 보이지 않는데…

두리번

유인 작전 성공!

탕!

일본군

저쪽으로 간 것 같다!

타앙!

---

*대한 독립군 1919년에 홍범도가 의병 출신 청년들과 연해주, 만주에 살던 한국인을 중심으로 만든 독립군 부대

139

후엉

독립군의 수도 적고 무기도 좋지 않은데 이길 수 있을까요?

공격하라!

타앙!

이 지역의 지형을 잘 알고 작전에 활용하니 반드시 이길 거야.

독립에 대한 의지와 열망, 단합된 힘이 느껴져!

탕!

탕!

위쪽에서 총탄이 날아온다!

도망가자!

하룻밤 사이에 160리(약 64km)를 가야 하니 힘을 냅시다.

에그머니

100%

나라 밖 독립군의 승리는 우리 민족에게 큰 힘이 되었을 거야.

청산리 대첩의 일지

6일 동안 여러 곳에서 10여 번이나 싸워 승리했대.

• 백운평 전투	북로 군정서군 등
• 완루구 전투	대한 독립군 연합 부대
• 천수평, 어랑촌 전투	북로 군정서군 등
• 천보산 전투	북로 군정서군, 대한 독립군 연합 부대
• 고동하 전투	북로 군정서군, 대한 독립군 연합 부대

감독님, 김좌진 장군님 역할 제가 하고 싶어요~

라이언의 궁금증이 완벽 해결되어 큰별쌤이 이동할 수 있습니다

GO!

꼼꼼 꼼꼼 라이언의 역사노트

오늘 배운 한국사

"홍범도, 김좌진이 이끄는 독립군은 단합된 힘과 만주 지역의 지형을 잘 알고 작전에 활용했기에 전투에서 승리할 수 있었어요."

기억할 개념 ②

봉오동 전투 : 홍범도가 이끄는 대한 독립군 등이 일본군을 크게 무찌른 싸움

청산리 대첩 : 김좌진이 이끄는 북로 군정서 등 독립군 연합 부대가 일본군에 승리한 싸움

홍범도, 김좌진은 말이야 — 만주에서 우리나라를 지킨 독립군

여천 홍범도

백야 김좌진

이전 직업
포수

내가 세운 학교
호명 학교

나는 호랑이를 잡던 포수였어.
정확한 사격 솜씨와 천재적인 용병술로
유명했지. 일제가 대한 제국의 군대를
해산하면서 포수들의 총을 빼앗자 의병을 일으켰어.

을사늑약이 강제로 맺어지자 난 고향에
호명 학교를 세워 애국 계몽 운동을 벌였어.

학교도
세우시다니!

호랑이 잡던 총으로
일본군을 쏠 테다!

전성기 3·1 운동 때 만주로 망명해
북로 군정서를 조직하고
총사령관이 되어 청산리 대첩을 승리로 이끌었어.
홍범도와 독립군들이 러시아 자유시로 떠날 때
함께 가지 않고, 북간도로 돌아와
독립군을 키우는 일에 힘을 쏟았단다.

의병 이후의 삶

일제에 나라를 빼앗기자
만주로 건너가 대한 독립군
총사령관으로 활약했어. 봉오동 전투와
청산리 대첩에서 일본군을 무찔렀지.
1937년 러시아의 명령에 따라
중앙아시아 카자흐스탄으로
강제 이주되었다가, 광복을 보지
못한 채 1943년 죽음을 맞아.

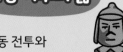

홍범도

잊지 않을게요.
홍범도 장군님!

★**여천** 홍범도의 호　　★**백야** 김좌진의 호

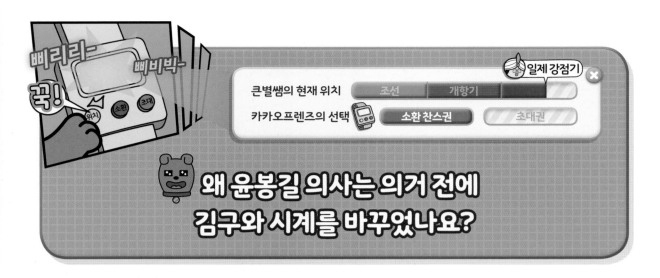

왜 윤봉길 의사는 의거 전에 김구와 시계를 바꾸었나요?

예쁘다. 프로도, 이거 사줘!

Pick!

짜잔!

우리도 커플 아이템 있다~

네오, 뭐 샀어?

프로도가 손목시계 사줬어.

프로도 시계 색깔이 네오한테 더 잘 어울릴 거 같아.

바꿔 볼래?

끄덕 끄덕

시계 교환

잠깐!

이 장면, 아까 책에서 봤어. 김구 선생님과 윤봉길*의사가 서로 시계를 바꾼 모습!

이 사람?!

프로도가 끌린다고 말했던 윤봉길 의사잖아.

짠!

대용

윤봉길 의사가 폭탄을 던지기 전에 김구 선생님과 시계를 바꿨다고?

깜짝

*의사 총이나 폭탄 등을 이용해 무력으로 투쟁하다가 의롭게 죽은 사람

프로도에게 궁금증이 생겨 큰별쌤이 이동할 수 없습니다

꽈당!

143

왜 윤봉길 의사는 의거 전에
김구와 시계를 바꾸었나요?

윤봉길 의사에게
남은 시간이 얼마 없었기
때문이란다.

☑ 초5 2학기 사회 > 일제의 침략과 광복을 위한 노력

☑ 윤봉길 | 한인 애국단 | 홍커우 공원

꾹!

슈슈슈

0%

프로도의 궁금증을 해결해 큰별쌤의 별을 100%까지 채워보아요

윤봉길 의사
잊지 않았지?

끄덕
끄덕

그럼요!

윤봉길 의사는 상하이에서
김구 선생님을 만났어.

조국의 독립을 위해
이 한 몸 바치겠습니다.

김구

이러쿵 저러쿵

윤봉길은 한인 애국단에
*입단한 뒤 의거를 준비했단다.

나라를 위해
희생한 분이라니까
안중근 의사가
생각나는걸~

크흐~

*입단 어떤 단체에 가입함

윤봉길 의사는
폭탄 의거를
결심했어.

4월 29일 홍커우 공원에서
일본 왕의 생일을 기념하는
행사가 있다고 하네.

폭탄을 준비해 주세요.
제가 가겠습니다.

폭탄?

위험할 텐데!?

뜨억

덥석

윤봉길 의사의 하루를 함께 만나 보자.

1932년 4월 29일, 독립을 위해 목숨을 바치다

선생님, 저에겐 한 시간밖에 남지 않았습니다. 6원을 주고 산 제 시계와 2원짜리 선생님 시계를 바꾸시죠.

*거사의 성공을 비네. 훗날 지하에서 만납시다.

*거사 매우 거창한 일

슈우웅

대한 독립 만세!

으윽!

으악!

웅성 웅성

펑

콰광

긁적 긁적

도시락 모양 폭탄을 던졌다고 들었는데…

사실은…

윤봉길이 실제로 던졌던 폭탄은 물통 폭탄이야. 도시락 폭탄은 터지지 않고 발견됐지.

프로도의 궁금증이 해결되어 별이 채워집니다

50%

145

→ 대한민국 임시 정부의 이동 경로

프로도의 궁금증이 완벽 해결되어 큰별쌤이 이동할 수 있습니다

프로도의 역사노트

오늘 배운 한국사

"윤봉길 의사는 1932년 4월 29일 중국 상하이의 훙커우 공원에서 대한 독립 만세를 외치며 물통 폭탄을 던졌어요."

기억할 개념 ①

윤봉길 : 김구가 조직한 비밀 단체인 한인 애국단 단원으로, 의거 실행 후

현장에서 일본군에게 체포되어 *순국함

*순국 나라를 위하여 목숨을 바침

프로도가 네오와 제이지를 초대했습니다.

윤봉길 의사가 없었다면 오늘이 있을 수 있었을까?

 안중근 의사만큼 윤봉길 의사도 대단한 것 같아. 👍

 우리가 기억해야 할 분이 또 있어. 한인 애국단의 또 다른 단원인 이봉창 의사! 어떤 일을 하셨는지 궁금해.

네오가 큰별쌤을 초대했습니다.

 쌤, 이봉창 의사는 어떤 분이신가요?

 환한 미소로 우리에게 기억되고 있는 영웅이란다.

> **# 이봉창** ···
>
>
>
> 이봉창 의사는 1932년 1월 일본 도쿄에서 일본 왕의 마차를 향해 수류탄을 던졌지만 실패하였다. 의거 전 이봉창 의사는 김구에게 "영원한 쾌락을 얻으러 가는 길이니, 우리 기쁜 얼굴로 사진을 찍읍시다."라고 말했고, 환하게 웃으며 사진을 찍었다고 한다.

 사진은 웃으며 찍으셨지만, 무섭기도 하셨겠지?

두려움을 이길 만큼 우리나라의 독립을 진정으로 바라셨던 게 아닐까?

독립을 열망한
또 다른 영웅,
이봉창 의사

➕　　　　　　　　　　☺ #

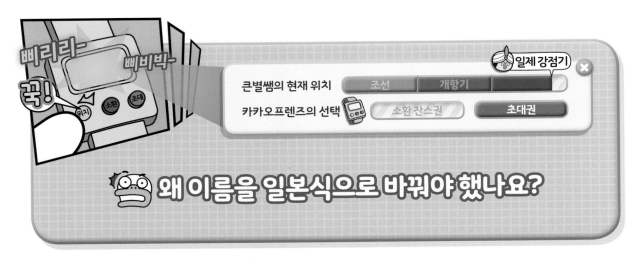

왜 이름을 일본식으로 바꿔야 했나요?

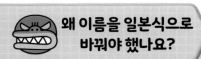
왜 이름을 일본식으로
바꿔야 했나요?

일제가 우리의
민족정신을 빼앗기 위해
벌인 일 중 하나였어.

☑ 초5 2학기 사회 > 일제의 침략과 광복을 위한 노력

☑ 일본식 성명 강요 | 신사 참배 | 신채호 | 8·15 광복

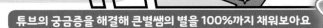
튜브의 궁금증을 해결해 큰별쌤의 별을 100%까지 채워보아요   0%

150

이름을 안 바꿨다고 수업을 못 듣게 하다니 말도 안 돼요.

화난다!

부글부글

흐앙

일제가 한국인의 민족정신을 빼앗으려고 성과 이름을 일본식으로 바꾸라고 강요했단다.

도대체 왜 이름을 바꿔야 하는 거예요?

이해 안 됨

캬아아아

그뿐만이 아니었어.

못된 짓을 더 했어요?

파다닥

우리말을 쓰지도 못하고, 우리 역사를 배우지도 못하게 했어.

또 강제로 일본인처럼 *신사에 절을 하게 했단다.

조선말 쓰지 말랬지! 혼나볼래?

죄송합니다···

버럭!

후덜덜

불쌍해

화가 난다

*신사 일본에서 왕실의 조상이나 옛부터 믿어 온 신을 모시거나 국가에 공로가 큰 사람을 신으로 높여 모신 사당

151

우리 역사 지킴이

신채호 이윤재

우리말 지킴이

독립을 위해 포기하지 않고 끝까지 싸워준 독립운동가들 덕분에, **1945년 8월 15일** 마침내 *광복을 맞이한단다.

100%

튜브의 궁금증이 완벽 해결되어 큰별쌤이 이동할 수 있습니다

GO!

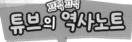

과격 끈적 튜브의 역사노트

오늘 배운 한국사

"일제가 우리의 민족정신을 빼앗으려 하고, 자신들의 전쟁에 끌어들였지만

우리 민족은 포기하지 않고 마침내 독립을 이뤄냈어요."

기억할 개념 ①

8·15 광복 : 1945년 8월 15일에 우리나라가 일본으로부터 독립하여 나라의 주권을

　　　　 되찾은 일

*광복　빼앗긴 나라를 되찾음

난 절대로 일본에게 굴하고 싶지 않았어.
세수할 때도 허리를 꼿꼿이 펴고
고개를 숙이지 않았지.
그때마다 옷이 물에 젖었지만
그깟 옷이 대수겠어?

일본에게는 조금이라도 고개를 숙이지 않겠다.

성격 강직함

이순신 장군은 잘 알지?
임진왜란 때 조선을 위기에서 구한 바다의 영웅!
을지문덕은 고구려에 침입했던 수의 100만 대군을
물리친 장군이야. 나는 이 두 사람을 소개하는 책을 썼어.
우리 민족이 용감한 이순신과 을지문덕처럼 일본을 물리치고
독립할 수 있다는 의지를 사람들에게 심어주고 싶었거든.

역시 우리는 포기를 모르는 민족이야. 애국심이 불타오르네!

소개해주고 싶은 사람 을지문덕, 이순신

만든 책 『조선 상고사』

역시 내 사랑 이순신 장군님♥

존경해요

역사를 잊은 민족에게 미래는 없다.

우리 역사를 축소·왜곡하던
일본 역사가들의 주장을
반박하고 우리 역사를
바로 알리기 위해
『조선 상고사』를 썼어.
고조선부터 시작하는
우리 고대사를 소개한 책으로
민족정신을 강조했단다.

조선상고사

튜브가 라이언, 어피치, 무지, 콘을 초대했습니다.

얘들아, 나 일본 대사관 앞을 지나다가 '평화의 소녀상'을 봤어.

 평화의 소녀상? 어떤 의미가 담겨 있는 걸까?

 큰별쌤께 물어보자.

튜브가 큰별쌤을 초대했습니다.

쌤, 평화의 소녀상을 아세요?

 그럼. 일제 강점기에 강제로 일본군 전쟁터에 끌려가 모진 고통을 당했던 여성들의 피해를 상징하는 동상이란다.

> **# 일본군 '위안부'** ⋯
>
> 일본군이 침략 전쟁을 일으킨 이후 일본 정부에 의해 강제로 전쟁터에 끌려가 성폭력과 인권 침해를 당한 여성을 말한다. 여러 사람들이 함께 일본군 '위안부' 피해자들의 명예와 인권의 회복을 위해 '평화의 소녀상'을 국내외 여러 곳에 세웠다.

 그런 못된 짓을…

 일본이 사과했나요?

 1993년에 일본군 '위안부' 동원과 관련된 사실을 일부 인정하고 사과했지만 이를 뒤집는 발언과 행동을 계속하고 있어.

일본이 하루빨리 진심으로 사과했으면 좋겠어요.

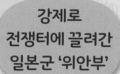

강제로 전쟁터에 끌려간 일본군 '위안부'

155

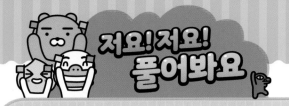
저요! 저요!
풀어봐요

① 3·1 운동에 대한 설명으로 옳지 않은 것은 무엇일까요?

정답 스티커

민족 대표들이 독립 선언서를 발표했어.

여러 학생들이 탑골 공원에서 만세를 외쳤어.

유관순은 고향인 천안에서 만세 운동을 계획했어.

전 세계에 우리의 독립 의지를 알리는데 실패했어.

② 대한민국 임시 정부에 대한 설명으로 옳지 않은 것은 무엇일까요?

정답 스티커

외교 활동이 유리한 중국 상하이에 세워졌어.

연통제와 교통국을 조직했어.

일본의 감시를 피해 여러 도시를 이동하며 독립운동을 이어나갔어.

1940년 임시 정부 최초의 군대인 북로 군정서를 만들었어.

③ 김좌진 장군에 대한 설명으로 옳은 것은 무엇일까요?

정답 스티커

한인 애국단의 단원이야.

대한 독립군을 조직해 봉오동에서 일본군을 물리쳤어.

청산리 대첩을 승리로 이끌었어.

1937년에 중앙아시아로 강제 이주당했지.

정답 스티커

4 윤봉길 의사에 대한 설명으로 옳은 것은 무엇일까요?

5 김구와 관련된 조직과 그에 대한 설명을 바르게 연결해 보세요.

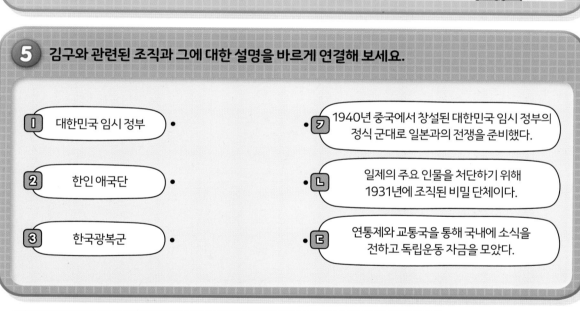

6 다음 문장을 읽고 맞으면 ○, 틀리면 ✕를 표시해 볼까요?

|1| 일제는 강제로 우리나라 사람들이 신사에 절을 하게 했고, 이름도 일본식으로 바꾸도록 강요하였다.

○ ✕

|2| 일제는 침략 전쟁을 확대하며 우리나라 여성들을 일본군 '위안부'로 전쟁터에 끌고 갔다.

○ ✕

|3| 신채호는 조선어 학회를 만들어 우리말의 가치를 알리고 우리말을 정리한 사전을 편찬하는데 힘썼다.

○ ✕

💡 정답은 158쪽에 있어요. 157

 저요! 저요! 맞춰봐요

궁금증을 해결했는지 한번 확인해 볼까?

정답

① 프로도

② 라이언

③ 네오

④ 어피치

⑤
```
1      ㄱ
2  ✕   ㄴ
3      ㄷ
```

⑥ 1 ○   2 ○   3 ✕

일제 강점기는 아픈 역사이지만 가슴에 새겨두어야 할 것 같아.

짜잔

마지막까지 열심히 배웠지?

당연하지! 이 순간만을 기다렸는걸~

테스트 결과는 통과야!

크하하하

이제 큰별쌤 탈출할 수 있는 거지?

설마 연결문이 또 있는 거 아니야?

폴짝

폴짝

이번엔 진짜야~ 단, 그 전에 한 가지 해야 할 일이 있어.

태극기 그리기!

태극기? 태극기를 그리라고?

어리둥절

?

내가 제일 먼저 태극기를 그릴 거야!

카카오프렌즈가 좋아하는 '역사 쏙 인물 song'

다함께 부르자! 새 나라 조선

 앉으나 서나 백성 생각,
한글을 만든 세종 대왕♬

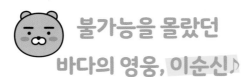 불가능을 몰랐던
바다의 영웅, 이순신♪

 나라를 위한 양다리 작전,
외교에 힘쓴 광해군♬

 새야 새야 파랑새야
평등한 세상을 꿈꾼 전봉준♪

다함께 외치자! 대한 독립 만세

 탕탕탕 하얼빈에 울려 퍼진
세 발의 총성, 안중근 ♬

 아우내 장터에서 만세 운동을 이끈
만세 소녀 유관순 ♪

 나라 밖에서 들려오는 독립군의 외침,
봉오동의 홍범도, 청산리의 김좌진 ♬

 어둠의 한 줄기 빛이 되리!
독립과 목숨을 바꾼 청년 윤봉길 ♪

한국사 궁금증을 모두 해결하여
16개의 별을 채워보아요!

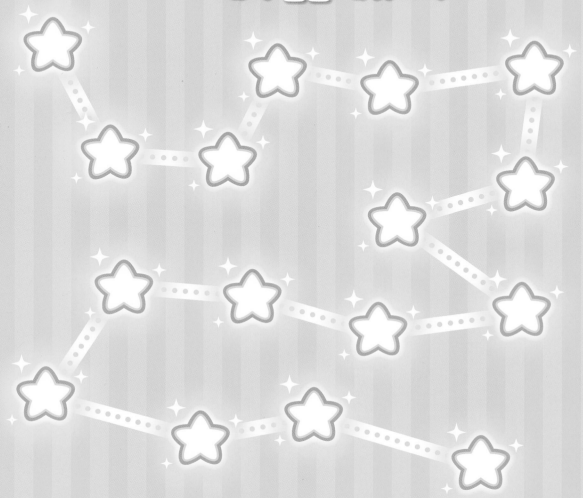

사진 출처

3강 조선 영조왕 이금상
ⓒ 문화재청

4강 대동여지도 전도
ⓒ 문화재청

4강 접힌 대동여지도
ⓒ <연합뉴스>

5강 씨름도
ⓒ 국립중앙박물관

5강 서당도
ⓒ 국립중앙박물관

5강 호작도
ⓒ 국립중앙박물관

5강 단오풍정
ⓒ 국립중앙박물관

11강 안중근 의사가
의거에 사용한 권총
ⓒ 안중근 의사 기념관

13강 백범일지 표장
ⓒ 문화재청

15강 이봉창 의사
ⓒ 게티이미지코리아

*사진을 제공해주신 단체와 저작권자의 도움에 감사드립니다.

초판 7쇄 발행 2022년 2월 7일
초판 1쇄 발행 2019년 10월 21일

글 | 최태성, 조윤호
감수 | 모두의 별별 한국사 연구소 곽승연, 이상선, 김혜진
그림 | 도니패밀리
디자인 | 김서하

발행인 | 손은진
개발 책임 | 조현주
개발 | 김보영, 심다혜, 민고은
제작 | 이성재, 장병미

발행처 | 메가스터디㈜
출판사 신고 번호 | 제 2015-000159호
주소 | 서울시 서초구 효령로 304(서초동) 국제전자센터 24층
대표전화 | 1661-5431
홈페이지 | http://www.megastudybooks.com

메가스터디BOOKS
'메가스터디북스'는 메가스터디㈜의 출판 전문 브랜드입니다.
유아/초등 학습서, 중고등 수능/내신 참고서는 물론,
지식, 교양, 인문 분야에서 다양한 도서를 출간하고 있습니다.

잘못된 책은 구입하신 곳에서 바꾸어 드립니다.